세상을 지키는
순수한 법의 힘

세상을 지키는 순수한 법의 힘

변종필 지음

㈜자음과모음

책머리에
법과 정의

　우리는 다른 사람과 관계를 맺으며 살아가고 있어요. 여러분도 매일 부모, 형제, 친구, 선생님을 만나 대화하고 마음을 나누면서 생활하고 있을 거예요. 그들과 잘 지내기도 하지만 때로 생각이 엇갈려 다투기도 하죠. 그래서 어떤 사람은 자신의 생각대로 되지 않는다고 상대를 욕하거나 때리고, 심지어 살인을 하는 경우도 있어요. 이런 행위는 모두 타인과의 관계를 깨는 행위예요. 관계를 허물어뜨리는 행위를 방치한다면 평화롭게 살아가기가 매우 힘들겠죠.

　공공장소에서 침을 뱉거나 새치기하는 사람을 본 적이 있나요? 이런 사람들은 욕을 먹거나 손가락질을 받게 되지요. 더 나아가 남의 물건을 훔치거나 다른 사람을 때려서 상처를 입혔다고 생각해 보세요. 이런 사람은 단순히 손가락질을 받는 정도에서 끝나지 않아요. 물건 값이나 치료비를 물어 주어야 할 뿐만 아니라 처벌도 받게 되지요. 처벌은 재판을 받고 감옥에 갇히는 거예요. 사람 사이의 평화로운 관계를 파괴했기 때문에 국가가 나서서 그 대가를 치르도록 하는 것이지요.

사람들이 사회에서 함께 살아가기 위해서는 일정한 행위의 기준이 필요해요. 다른 사람과 관계 맺고 행동할 때 반드시 지켜야 하는 기준이지요. 이것을 '규범'이라고 해요. 여러분도 가정이나 학교생활에서 이런 규범에 따라 행동하고 있을 거예요.

도덕이나 법은 사람들 모두가 평화롭게 살기 위해 필요한 규범이라는 공통점이 있으면서 서로 다른 특징을 갖고 있어요. 법은 강제성을 띠지만 도덕은 양심에 따라 행동하고 지켜 가는 규범이지요. 우리는 여기에서 켈젠이 말한 '법'에 대해 공부할 것이므로 더 알아보기로 해요.

일반적으로 "사회 있는 곳에 법이 있다."라는 말은 진리처럼 통하지요. 도대체 법이란 무엇일까요?

켈젠은 법에 대해 깊이 있게 생각한 사람이에요. 그는

1881년 체코 프라하에서 유대인으로 태어났지요. 빈 대학에서 법학을 공부한 후 같은 대학의 교수가 되어 공법과 법철학을 가르치며 자신만의 생각을 담은 글을 발표했어요. 당시 유럽의 법학계는 켈젠의 이론에 주목했고, 그의 이론을 따르는 사람들이 빈학파를 만들기도 했어요. 그는 오스트리아 헌법을 만드는 데도 참여했고, 오스트리아 헌법재판소 재판관을 지내기도 했지요.

당시 독일에서는 나치가 권력을 잡고 유대인을 박해했어요. 그는 독재주의 법 이론에 맞서 맹렬한 투쟁을 벌이기도 했지만 결국 대학에서 쫓겨나 스위스로 이주했어요. 그 후 자신의 학문을 체계적으로 정리한『순수 법학』이라는 책을 완성했어요. 1940년 그는 전쟁의 소용돌이를 피해 미국으로 이주했어요. 하지만 미국에서『순수 법학』은 인정받지 못했고, 켈젠은 외로운 한평생을 보내야 했지요.

켈젠은『정의란 무엇인가?』라는 책에서 역사적으로 등장했던 모든 정의(正義) 이론을 다루고 있어요. "나에게 있어서 정의란 민주주의의 정의, 관용의 정의이다."라고 말하고 있죠. 이처럼 켈젠은 자유와 평화, 민주주의를 사랑한 사람이었어요.

법에 관한 켈젠의 생각은 한마디로 '순수 법학'이라고 표현할 수 있어요. 여기서의 '순수'란 여러분이 생각하는 뜻과 크게 다르지 않답니다. 여러 가지 요소가 섞여 있는 것이 아니라 한 가지로만 이루어졌다는 의미이지요.

순수 법학을 주창한 켈젠은 20세기의 가장 위대한 법학자로 평가받고 있어요. 에른스트 블로흐는 켈젠을 "형식주의자 가운데 가장 예리한 사람"이라고 평가하기도 했지요. 이런 평가를 받는 것은 켈젠이 법에 관해 깊이 있고 체계적으로 생각했을 뿐만 아니라, 많은 사람에게 긍정적인 영향을 주었기 때문이에요. 하지만 모든 사람이 켈젠과 똑같이 생각하진 않았어요. 그는 다른 생각을 가진 사람들로부터 비판을 받기도 했답니다.

자, 그럼 켈젠이 법에 관해 어떻게 생각했는지 알아볼까요?

변종필

차 례

책머리에 법과 정의 ⋯ 4
프롤로그 광석이, 맨홀에 빠지다 ⋯17

1 착한 사마리아인 법

어디부터 가야 하지? ⋯⋯ 25
문병 ⋯⋯ 30
가벼운 호기심 ⋯⋯ 36
착한 사마리아인 법 ⋯⋯ 46

철학자의 생각 ⋯ 54
즐거운 독서 퀴즈 ⋯ 58

2 어렵다 어려워, 가치 상대주의

경민이를 찾아서 ····· 63
삼촌과 결혼하는 여자 ····· 74
가치의 상대성 ····· 82

철학자의 생각 ··· 89
즐거운 독서 퀴즈 ··· 92

3 장발장을 돕는 변호사가 될 테야

선생님은 멋쟁이 ····· 97

토론은 재밌어 ····· 105

꿈이 같은 아이들 ····· 114

친구를 믿기 ····· 125

철학자의 생각 ··· 131
즐거운 독서 퀴즈 ··· 136

 **어린이 변호사의 꿈**

경민이의 비밀 ····· 141

미행 ····· 147

나쁜 법, 좋은 법 ····· 154

경민이는 배신하지 않았어 ····· 163

철학자의 생각 ··· 166
즐거운 독서 퀴즈 ··· 170

네 생각은 어때? 문제 풀이 ··· 172

등장인물

한수

민지, 경민이와 절친인 한수. 아빠처럼 멋진 변호사가 되는 게 꿈이다. 그래서 아빠가 전해 준 켈젠의 『순수 법학』을 탐독하는데…. 같은 꿈을 가진 똑똑한 민지 앞에서 주눅이 드는 건 왜일까? 요즘엔 경민이가 걱정이다. 불량배들한테 쫓기다 맨홀에 빠진 광석이를 구조하지 않았다는 이유로 비난받고 있다. 게다가 경민이 아버지는 사채업자에게 쫓겨 가족들이 집 밖을 떠돌고 있다. 한수는 경민이를 돕기 위해 변호사 아빠에게 도움을 청하는데…. 한수는 위기에 처한 경민이를 어떻게 도울 수 있을까?

민지

장래 희망이 변호사인 민지. 토론에서 밀리지 않고 논리적인 말솜씨로 늘 좌중을 휘어잡는다. 빼어난 외모는 아닐지라도 성격도 좋고 귀여운 친구다. 아이돌 가수 우주의 자살에 대한 토론에서 영우가 자살은 자기 보호 본능을 거스른 죄라는 의견을 내자, 민지는 인간의 내면에는 자기 파괴 본능 또한 있기에 자살이 죄는 아니라고 야무지게 반박한다. 똑똑한 머리에 따스한 마음씨도 가지고 있는 민지. 경민이를 돕기 위해 한수와 머리를 맞대고 고민하는데….

경민

돈을 뺏으려는 불량배들한테 쫓기다 맨홀에 빠진 광석이를 구조하지 않았다고 오해받는 경민이. 사실은 경찰에게 구조 요청을 하기 위해 빨리 뛰었던 건데…. 경민이 아버지는 엄마의 병원비를 마련하기 위해 이자율이 40%나 되는 사채를 쓰고 쫓기는 신세가 되었다. 이래저래 힘든 나날을 보내고 있는 경민이. 그래도 한수와 민지가 함께 울어 주고 위로해 주어 힘을 내보려 하는데…. 경민이는 힘든 위기를 잘 넘길 수 있을까?

한수 아빠

한수 아빠는 훌륭한 인권 변호사다. 경민이가 광석이를 버리고 도망갔다는 이야기를 듣고 '착한 사마리아인 법'에 대해 들려 준다. '자신이 해를 입을 위험이 전혀 없는데도' 남을 돕지 않으면 '착한 사마리아인 법'에 걸려 죄가 된다고…. 하지만 경민이는 자신이 해를 입을 수 있는 위험 상황이었기에 '착한 사마리아인 법'에 적용되지 않는다고 말해 준다. 법을 떠나 남을 돕는 행동은 정의로운 것이라고 강조하는 한수 아빠. 경민이 아빠가 사채업자에 쫓긴다는 말을 듣고 돕기로 약속하는데….

정치를 배제한 순수 법학을 세우다
한스 켈젠

오스트리아의 유대인 법학자. 빈 대학을 졸업하고 빈 대학과 쾰른 대학에서 교수를 지냈으며, 오스트리아 공화국 헌법의 기초를 닦았다. 1939년 히틀러 치하에서 유대인 탄압을 피해 제네바를 거쳐 프라하로 이주했다가 1940년에 미국으로 망명했다. 하버드 대학에서 국제법을 강의하고 캘리포니아 대학으로 옮겨 정치학부 교수를 지냈다.

켈젠은 '순수 법학'으로 유명하다. 순수 법학이란 법의 해석, 적용에 있어 어떠한 정치적, 사회적, 윤리적 요소를 배제하고, 순수하게 법 자체만을 다루는 실정법을 적용해야 한다는 법 이론이다. 이러한 실정법만을 다루는 입장이 법실증주의이며, 실정법을 초월하는 자연법은 인정하지 않는다. 켈젠은 단계적 구조를 갖는 통일적인 법질서가 있어야 하며, 가장 상위에 타당성의 기초인 근본 규범이 위치하고, 순차적으로 헌법, 법률, 명령 및 규칙이 하위 개념으로 존재한다는 법 단계설을 주장했다.

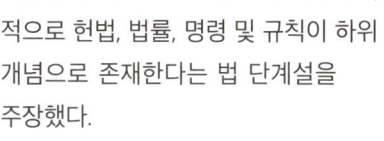

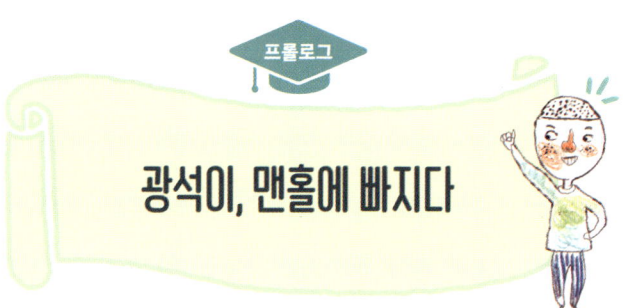

광석이, 맨홀에 빠지다

"그 얘기 들었어?"

한수가 교실로 들어서자마자 짝꿍인 영진이가 쪼르르 달려와 말했어요. 한수는 영문을 모르겠다는 표정으로 무슨 말이냐고 되물었어요.

"지금 광석이가 병원에 있대."

"병원? 왜? 어디 아프대?"

"그게 있잖아……."

영진이는 자신이 들은 이야기를 아이들에게 신나게 들려주려고 했어요. 민지가 갑자기 와서 훼방을 놓지 않았다면 말이에요.

"무슨 재미있는 일이라고 그렇게 떠들어?"

민지는 또래 아이들보다 훨씬 작지만 작은 고추처럼 매운 데가 있어요. 그래서 영진이는 말하고 싶은 마음을 꾹 누르고 자기 자리로 돌아갔어요. 민지와 말싸움을 해서 이기는 것은 하늘의 별을 따는 것만큼 어려운 일이거든요.

"무슨 일인데 그래?"

한수는 민지를 붙잡고 물었어요.

"잠깐 복도로 나가자."

민지가 작은 목소리로 말했어요. 딱딱하게 굳은 표정으로요. 한수는 왠지 좋지 않은 예감이 들었어요. 그래서 아무 말 없이 민지의 뒤를 따라갔어요.

"나는 믿을 수가 없어."

운동장을 바라보며 민지가 말을 꺼냈어요.

"무슨 말이야?"

한수가 물었어요.

"아이들이 하는 말."

"그러니까 무슨 일이냐고?"

한수가 다시 묻자 민지는 한숨을 깊게 쉬었어요.

"야, 이민지."

한수는 결국 민지의 이름을 크게 부르며 빨리 말하라고 재촉했어요.

"광석이랑 경민이랑 한동네 살고 있는 거 너도 알지?"

"당연히 알지."

"어제 광석이랑 경민이랑 같이 집에 갔는데 도중에 사고가 났나 봐."

"무슨 사고?"

"광석이가 공사 중이던 맨홀에 빠졌대."

"뭐? 그래서 병원에 있는 거였어?"

"응."

"많이 다쳤대?"

"다리가 부러졌대."

민지는 대답한 뒤 또 입을 꾹 다물었어요. 한수도 깜짝 놀라 무슨 말을 해야 할지 몰랐어요. 그냥 광석이 병문안을 가야겠다고 생각했죠. 그러다 문득 경민이도 그 자리에 있었다는 말이 생각났어요.

"경민이는? 경민이는 괜찮대?"

한수는 급하게 물었어요.

"괜찮대. 아니, 괜찮지 않아."

민지는 아리송하게 말했어요.

"무슨 말이야?"

"그게 말이야……."

민지는 어렵게 말을 꺼냈어요.

"광석이가 맨홀에 빠지자 경민이는 그냥 도망을 쳤대."

"무슨 소리야? 경민이가 그럴 리 없잖아."

한수는 믿을 수가 없었어요. 내려가서 구하지는 못해도 다른 사람에게 도움을 요청할 수는 있잖아요. 그런데 그냥 도망치다니…….

한수는 절대 그럴 리 없다고 재차 말했어요.

"나도 그렇게 믿고 싶어. 그런데 아이들이……."

"이민지. 너 그러는 거 아니야. 경민이 말은 들어 보지도 않았잖아. 아이들 말만 믿어? 우리 우정이 그것밖에 안 돼? 난 경민이에게 직접 들을 거야."

한수는 민지에게도 화가 났어요. 삼총사라는 별명까지 얻으며 친하게 지내는 친구들이었어요. 그런데 민지는 아이들 말만 듣고 경민이를 의심하다니, 도저히 있을 수 없는 일이었어요.

"잠깐만."

교실로 들어가려는 한수를 민지가 붙잡았어요.

"너도 궁금하잖아. 경민이가 진짜 그랬는지. 그러니까 직접 들어 보자고."

그렇게 말하는 한수의 목소리가 떨렸어요.

"그래, 나도 직접 듣고 싶다니까. 그런데 경민이가 아직 안 왔어."

한수는 교실로 들어서다 말고 뒤돌아섰어요.

"안 왔어?"

"응, 아직."

아이들이 광석이와 경민이에 대해 이야기하는 소리가 들렸어요. 한수는 아이들이 경민이에 대해 함부로 말하는 것이 싫었어요. 하지만 경민이를 대신해 말해 줄 수도 없었어요. 한수도 경민이를 의심하고 있었거든요.

순수 법학은 '법이 어떻게 존재해야 하는가?'라는 물음이 아니라 '법이 어떻게 존재하는가?'라는 물음에 답하고자 한다.

- 한스 켈젠

1 착한 사마리아인 법

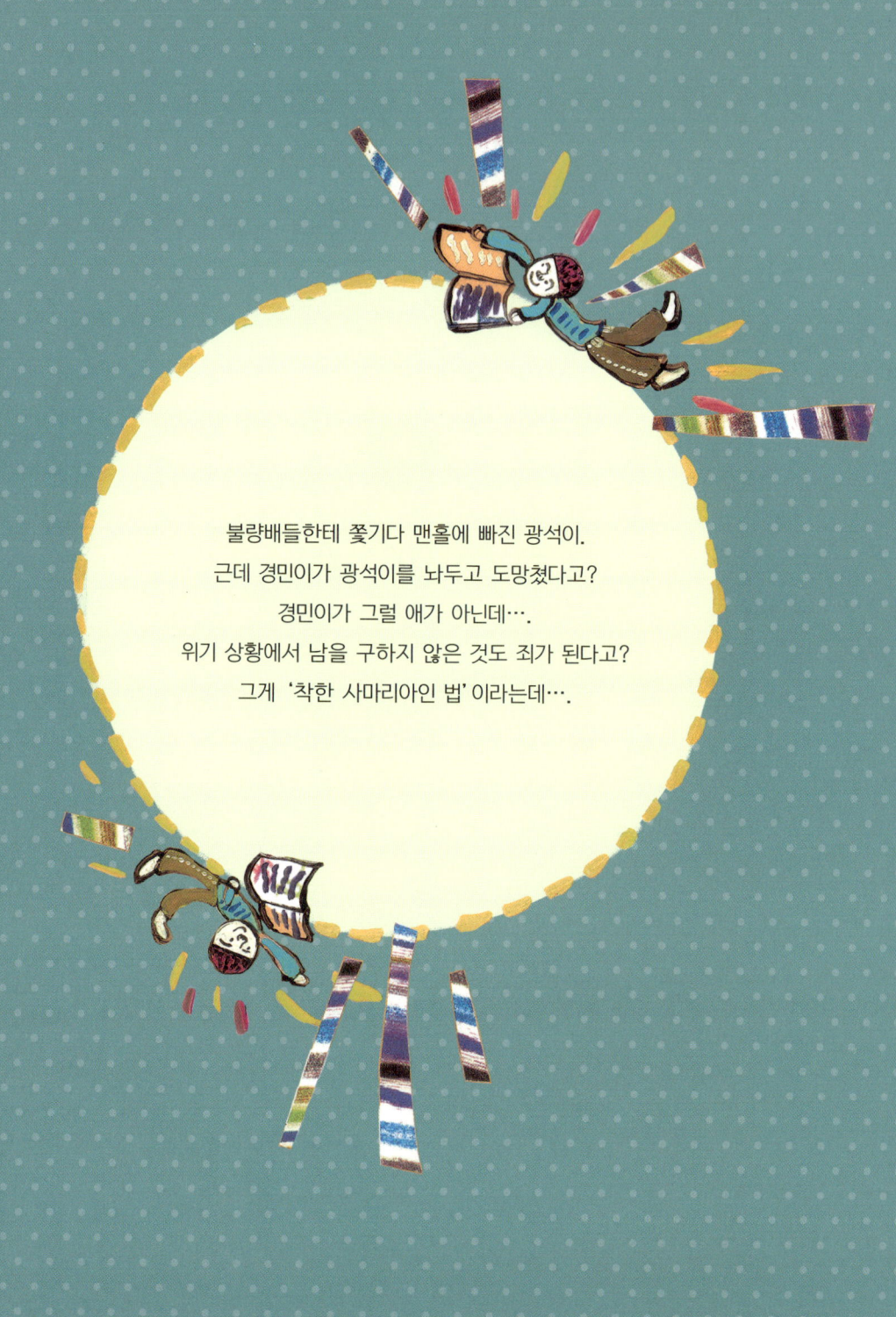

불량배들한테 쫓기다 맨홀에 빠진 광석이.
근데 경민이가 광석이를 놔두고 도망쳤다고?
경민이가 그럴 애가 아닌데….
위기 상황에서 남을 구하지 않은 것도 죄가 된다고?
그게 '착한 사마리아인 법'이라는데….

어디부터 가야 하지?

경민이는 결국 학교에 오지 않았어요. '지각이겠지.' 처음에 한수는 그렇게 생각했어요. 하지만 점심시간이 지난 뒤에도 오지 않자 한수는 경민이를 기다리는 걸 그만두었어요. 경민이의 결석으로 아이들이 더 많은 이야기를 했어요. 경민이가 그냥 도망을 쳤을 뿐만 아니라 광석이를 밀어서 맨홀에 빠뜨렸다는 소문까지 돌았어요. 그런 이야기가 들리는데도 한수는 아무 말도 하지 않았어요.

"뭐야? 뒤에서 이상한 말이나 하고."

앞줄에 앉아 있던 민지는 쉬는 시간만 되면 한수에게 와서 투덜거렸어요.

"내일 경민이가 오면 오해가 풀리겠지."

한수는 꽤 어른스럽게 말했어요. 하지만 '오해가 아니면 어쩌지?' 하는 생각이 드는 건 어쩔 수 없었어요.

"오해가 아니라니까."

짝꿍인 영진이가 옆에서 참견했어요.

"야."

한수와 민지는 동시에 소리쳤어요.

"왜 나보고만 그래? 다른 아이들이 말할 때는 가만히 있더니."

영진이가 투덜거렸어요.

"다른 아이들은 자기들끼리 말하는 거잖아."

민지가 말했어요.

"알았어, 알았다고. 그럼 나도 다른 아이들이랑 말할래."

영진이는 벌떡 일어나 다른 아이들이 있는 곳으로 갔어요. 민지는 영진이 자리에 털썩 앉았어요.

"네 자리로 안 가?"

"아직, 쉬는 시간이 5분이나 남았잖아."

"여기 앉아 있으면 뾰족한 수라도 있냐?"

"그런 건 아니지만……. 내 자리로 가기 싫어. 애들이 계속 경민이 이야기만 한단 말이야."

둘은 잠시 멍하게 앉아 있었어요. 아침부터 지금까지 계속 생각이 복잡했어요. 그래서인지 몸까지 축 늘어졌어요.

"경민이 집에 가 봐야겠지?"

한수가 중얼거리듯이 말했어요.

"응, 아니."

민지가 말했어요.

"뭐야? 간다는 말이야? 안 간다는 말이야?"

"그게 말이야…… 광석이 병문안부터 가는 게 어때? 광석이가 다쳤잖아."

민지의 말이 맞아요. 하지만 한수는 경민이 집에 먼저 가고 싶었어요. 경민이는 정말 친한 친구니까요.

"알아. 경민이랑 만나고 싶지? 나도 그런걸. 하지만 광석이는 다리가 부러져서 병원에 있잖아."

"그래. 그럼 학교 마치고 광석이에게 가자."

한수는 민지의 의견에 따르기로 했어요. 어쨌든 다친 친구부터 챙겨야 한다고 생각했으니까요.

오후 수업이 다 끝났어요. 한수와 민지 말고도 은영이와 영진이도 병문안을 가겠다고 나섰어요. 아이들은 돈을 모아 광석이의 선물을 사기로 했어요. 민지는 음료수를 사자고 했지만 다른 아이들은 꽃을 사는 게 좋겠다고 했어요.

"음료수는 어른들이 많이 사 줬을 거야."

영진이가 말했어요.

"난 옛날부터 꽃을 사서 선물하고 싶었어. 드라마 같은 데서 보면 어른들이 꽃을 주고받잖아. 진짜 멋지지 않아?"

민지와 친하게 지내는 은영이가 말했어요.

"하지만 꽃은 쓸모가 없어."

민지가 그렇게 말하자 아이들은 민지를 보며 이상한 표정을 지었어요.

"예쁘잖아."

은영이가 말했어요.

"예쁘기만 하잖아."

민지는 퉁명스럽게 쏘아붙였어요. 사실, 민지는 '예쁘다, 예쁘지 않다.'라는 말은 좋아하지 않아요. 그런 평가는 겉모습만 보고 하는 경우가 많으니까요. 아무리 착한 마음을 가지고 있고, 지혜로운 아이라 할지라도 외모가 예쁘지 않으면 그 아이는 못생긴 아이가 되는 거잖아요. 바로 민지처럼요.

민지는 쌍꺼풀도 없고, 코도 납작하고, 입은 조금 튀어나

왔어요. 게다가 커다란 안경까지 쓰고 있어요. 6학년이 될 때까지 민지에게 좋아한다고 고백한 남자 친구는 한 명도 없었어요. 유치원 동기인 한수와 경민이랑 친하게 지내지 않았다면 외톨이로 지냈을지도 몰라요.

"뭐, 마음에 들진 않지만 다수의 의견을 따라야지."

민지는 새침하게 말했어요. 옆에서 한수가 민지의 등을 토닥토닥 두드려 주었어요.

"내가 애인 줄 아냐?"

민지는 한수가 자신을 위로해 주려는 걸 알고 있었어요. 하지만 민지는 자신의 마음을 들킨 것 같아 퉁명스럽게 말하며 한수의 팔을 뿌리쳤어요.

문병

    병실은 온통 하얀색이었어요. 벽, 침대, 광석이가 입은 환자복까지. 그래서 아이들은 마치 다른 세상에 온 것처럼 낯설어서 두리번거렸어요.
    "뭘 그렇게 서 있어? 여기 앉아."
    광석이는 자신의 침대 위를 톡톡 치며 말했어요.
    "거기 앉아도 돼?"
    민지가 조심스럽게 물었어요.
    "따로 앉을 곳도 없잖아."
    "여기 빈 침대에 앉으면 안 돼?"
    영진이가 바로 옆 침대를 가리키며 물었어요.

"글쎄, 간호사 누나가 싫어할걸."

"간호사 누나도 없는데 뭐. 뭐라고 하면 일어나면 되지."

영진이는 빈 침대 위에 털썩 앉았어요. 다른 아이들도 서로 눈치를 보다 빈 침대 위에 쪼르르 앉았어요.

"많이 아프지?"

민지가 걱정하는 눈으로 물었어요.

"뼈를 맞출 때는 좀 아팠는데, 지금은 괜찮아. 오늘 나 진짜 너무너무 심심했어."

광석이는 생각보다 쾌활했어요. 침대 옆 탁자 위에는 열 권이 넘는 만화책이 쌓여 있었어요. 그리고 빈 음료수 병이 어질러져 있었어요.

"나도 입원하면 좋겠다."

영진이가 광석이를 향해 부러운 듯 말했어요.

"하루도 못 견딜걸?"

광석이가 말했어요.

"모르는 소리. 난 한 달 내내 만화책만 보고 살 수도 있어."

영진이는 침까지 튀기며 장담했어요.

"병원 밥은 진짜 맛없는데 그래도 괜찮아?"

광석이가 물었어요.

"엄마한테 도시락 싸 달라고 하지, 뭐."

영진이가 말했어요.

"어휴, 넌 왜 이렇게 철이 없냐?"

은영이가 옆에서 핀잔을 주었어요. 그러자 영진이의 얼굴이 갑자기 벌겋게 달아오르는 거예요. 민지는 그 모습을 보고 피식 웃었어요. 영진이가 은영이를 좋아하는 걸 전부터 눈치채고 있었거든요.

"그런데 넌 무슨 생각을 그렇게 하냐?"

광석이가 한수에게 물었어요. 그러고 보니 한수는 병원에 들어온 이후로 한마디도 하지 않았어요. 민지는 슬쩍 한수를 봤어요.

"응? 나?"

한수가 당황해서 말했어요.

"응. 너!"

광석이가 말했어요.

"어제 무슨 일 있었어?"

한수가 잠시 머뭇거리며 말을 꺼내자 병실 안에 긴장감이 흘렀어요. 떠들기 좋아하는 영진이도 잠자코 광석이 말을 기다렸어요. 사실, 다들 어제 무슨 일이 있었는지 궁금했거든요.

"어제……."

광석이는 중얼거리다 말고 한참을 머뭇거렸어요.

"사실대로 말해 줘."

한수가 재촉하자 광석이는 한수를 가만히 쳐다봤어요. 그리고 피식 웃었어요.

"왜 웃어?"

한수는 광석이의 웃음이 기분 나빴어요. 왜 그런지 알 수는 없었지만 비웃는 것 같았거든요.

"그냥 맨홀에 빠졌어."

광석이는 그렇게 말한 뒤 아이들이 가져온 꽃을 쳐다봤어요. 아이들도 광석이를 따라 꽃을 봤어요.

"시들겠다. 꽃병 없어?"

어색한 분위기를 느낀 은영이가 애써 쾌활하게 말했어요.

"없는데……."

광석이가 미안해하며 말했어요.

"그래? 괜히 꽃을 샀나 봐."

"아니야. 꽃이 있으면 좋겠다고 생각했어."

은영이가 실망하자 광석이가 위로했어요.

"페트병을 잘라서 꽃병을 만들면 돼."

옆에서 영진이가 거들었어요.

"그래? 페트병을 자를 수 있어?"

은영이가 묻자 영진이의 표정이 환해졌어요.

"당연하지. 몇 번이나 잘라 봤는걸."

"그럼, 잘라 줘. 꽃꽂이는 내가 할게."

"응."

"기대해. 예쁜 화병을 만들어 올게."

은영이는 그렇게 말하고 냉큼 나갔어요. 영진이는 페트병을 들고 그 뒤를 따라 나갔어요. 둘이 나가자 병실 안의 분위기가 다시 어색해졌어요.

"어제 경민이랑 같이 있었던 거 맞아?"

한수가 다시 물었어요. 민지도 한수만큼이나 궁금한 일이었어요. 내내 입을 다물고 있는 광석이의 생각을 모르니 자꾸만 눈치가 보였어요.

"반장으로서 묻는 거야, 경민이 친구로서 묻는 거야?"

광석이가 한수에게 되물었어요. 한수는 놀란 표정으로 광석이를 쳐다봤어요.

"무…… 무슨 뜻이야?"

가벼운 호기심

　한수는 얼굴에서 열이 나는 것 같았어요. 처음에는 경민이가 걱정이 되었어요. 하지만 나중에는 경민이가 한 행동이 부끄러운 일이라고 생각했죠. 그리고 지금은 정말로 비겁한 행동을 했는지 알고 싶었어요.
　'알고 나면?'
　한수는 병원에 오는 내내 자신에게 물었어요.
　'절교할 것도 아닌데…….'라고 마음을 먹었지만 한편으로는 경민이의 얼굴을 똑바로 보는 게 힘들 거라는 생각이 들었어요.
　"무슨 뜻으로 하는 말이야?"

한수는 다시 물었어요.

"너희들 친하잖아."

광석이는 가볍게 대꾸했어요.

"그래서?"

"경민이에게 물어봐."

광석이는 그렇게만 말하고 휙 돌아누워 버렸어요.

"아이들이 그러던데! 경민이가 너만 두고 도망간 거라고."

옆에서 가만히 듣던 민지가 말했어요.

"그래."

광석이가 말했어요.

"진짜? 그래?"

민지가 다시 물었어요.

"내가 거짓말을 왜 하겠어?"

광석이의 목소리에는 짜증이 배어 있었어요.

한수와 민지는 서로 쳐다봤어요. 소문을 믿고 싶지 않았어요. 경민이가 그렇게 비겁한 행동을 했을 리 없다고 생각했어요. 그런데 경민이는 혼자 살겠다고 도망을 친 거예요.

"무슨 일이 있었는지 좀 더 자세히 말해 줘."

한수의 목소리가 약간 갈라졌어요.

광석이가 벌떡 일어나 앉았어요. 그리고 한수와 민지를 차례로 쳐다봤어요.

"어제 경민이와 같이 있었어."

광석이는 조심스럽게 말을 꺼냈어요. 한수는 가슴이 철렁 내려앉는 것 같았어요.

'진짜구나.'라고 생각하며 광석이가 계속 말하기를 기다렸어요.

"집에 가는데 중학생 두 명을 만났어. 그 형들이 돈을 달라고 하잖아. 너희도 알다시피 우리가 무슨 돈이 있냐? 돈이 없다고 하니까 형들이 책가방을 빼앗았어."

"진짜 무서웠겠다."

민지가 말했어요.

"응, 진짜 무서웠어."

광석이는 그때 일이 생각난 듯 몸서리를 쳤어요.

"그래서?"

한수는 뒷이야기가 궁금했어요. 광석이가 빨리 말해 주기를 기다렸어요.

"형들이 책가방을 뒤지는 거야. 책은 바닥에 버리고 돈을 찾는 데만 열심이었어. 그때 경민이가 내 옷자락을 쥐면서 말했어. '도망가자.' 그 말이 끝나자마자 우린 냅다 달리기 시작했어. 형들이 잡히면 가만 안 둔다고 뒤에서 소리치며 따라오는데 얼마나 끔찍했는지 몰라."

"그래도 대단하다. 그 상황에서 도망을 치고."

민지가 중얼거리듯이 말했어요.

"그러게 말이야. 어휴, 지금 생각해도 아찔해. 어쨌든 우린 힘껏 달렸어. 경민이가 달리기를 얼마나 잘하는지 너희도 알지? 처음에는 내 손을 잡고 끌어 주기까지 했어. 그런데……"

광석이는 말을 잇지 못했어요. 한수와 민지는 광석이가 말을 할 때까지 기다렸어요.

"그런데 내가 점점 뒤처지기 시작했어. 다리에서 힘이 풀리는 거야. 하지만 뒤에서 형들이 쫓아오는 바람에 멈출 수가 없잖아. 경민이의 등을 보며 힘껏 뛰었어. 뛰었다고 생각했는데…… 갑자기 몸이 아래로 쑤욱 빠지는 거야."

"그래서 맨홀에 빠진 거구나."

"응. 정신을 차리고 보니 좁고 컴컴한 곳에 혼자 있었어. 다리가 너무 아팠어. 경민이 이름을 불렀는데, 경민이는 그 소리를 못 들었을 거야. 위를 올려다보니까, 형들이 내려다

보고 있었어. 살려 달라고 했는데 형들은 그냥 가 버렸어. 한참을 혼자 있었지. 혹시 경민이가 다시 돌아오지 않을까 싶어서 계속 경민이를 불렀어. 그런데도 경민이는……."

아이들은 한동안 아무 말도 하지 못했어요.

"결국 경민이는 혼자 도망쳤구나."

한수가 먼저 입을 열었어요.

"맨홀에 빠진 걸 몰랐다면 이해할 수 있어. 하지만 같이 쫓기는 상황이었잖아. 네가 보이지 않았으면 다시 돌아왔어야 하는 거 아닐까?"

한수는 화가 났어요. 그래서 자신의 목소리가 굉장히 크다는 사실도 알아채지 못했어요.

"한수야, 잠깐."

민지가 한수의 팔을 붙잡고 더 이상 말을 하지 못하게 말렸어요. 병실 문 앞에는 은영이와 영진이가 서 있었어요. 그 아이들을 본 순간 한수는 가슴이 덜컹 내려앉는 것 같았어요. 내일 또 경민이에 대한 나쁜 소문이 퍼지면 어쩌나 하고 걱정이 되었죠.

"우리가 없는 동안 비밀 이야기를 하고 있었구나."

은영이는 화병을 탁자 위에 놓으며 말했어요.

"미안하지만 비밀로 해 줘."

민지가 말했어요.

"당연하지. 그런데 아까 했던 말 계속해 봐. 맨홀에서 어떻게 빠져나왔어?"

은영이가 광석이에게 물었어요.

"얼마나 오래 있었는지는 모르겠어. 캄캄한 곳에 혼자 있으니까 진짜 무서웠거든. 아무 생각도 안 나는 거야. 뭘 어떻게 해야 할지도 모르겠고. 그런데 갑자기 사이렌 소리가 들렸어. 처음에는 그냥 지나가는 차인 줄 알았어. 그런데 사이렌 소리가 점점 가까이 들리기 시작했어. 그리고 누군가가 맨홀 안으로 소리쳤어. '아래 누가 있니?' 이렇게."

아이들은 숨죽이며 광석이의 이야기를 들었어요. 마치 만화를 보는 기분이었어요. 현실에서 친구가 그런 일을 당했다는 건 상상하지 못했거든요.

"멋지다."

갑자기 영진이가 소리쳤어요.

"뭐?"

광석이 주위에 있던 아이들의 시선이 영진이에게 향했어요. 모두 싸늘한 눈빛이었죠.

"왜 그렇게 쳐다봐?"

영진이의 얼굴이 다시 빨개졌어요.

"너도 참……. 광석이가 아파서 누워 있는 거 보고도 그런 소리가 나와?"

은영이가 핀잔을 주었어요. 하지만 한수도 사실은 '멋지다.'라고 생각하고 있었어요. 사이렌 소리가 들리고 경찰 아저씨가 '누구 있니?'라고 묻는 장면을 그려 보고 있었거든요. 만약 자신이었다면 '여기 사람이 있어요. 구해 주세요.'라고 소리쳤을 거예요. 경찰 아저씨가 밧줄을 타고 내려와 '괜찮니?'라고 물으면 '지하 세상이 좀 어둡긴 하지만 좋은 경험이었어요.'라고 당당하게 말하는 거죠. 그 말을 할 때는 약간 거드름을 피우는 것도 괜찮을 거예요.

"하하. 난 괜찮아. 영진아, 근데 무서운 형들 만나는 것도 좋아?"

광석이가 놀리듯이 말하자 영진이는 머리를 좌우로 흔들며 말했어요.

"경찰 아저씨가 밧줄을 타고 내려와서 나를 안고 다시 올라갔어. 맨홀에서 빠져나오니까 세상이 달라 보이더라."

"어떻게?"

"그냥, 모든 게 다 고맙더라고. 엄마도 아빠도, 선생님도 경찰 아저씨도. 심지어 우리 집 고양이까지 말이야."

한수는 경민이 생각을 하니 마음이 무거워졌어요.

'친구를 두고 혼자 도망을 가다니……'

한수는 자꾸만 그런 생각이 들어 견딜 수가 없었어요.

착한 사마리아인 법

"왜? 무슨 할 말 있니?"

한수는 아빠의 뒷모습을 한참 동안 보고 있었어요. 아빠는 변호사예요. 항상 바쁘시기 때문에 늦은 밤이 돼서야 집에 들어오시지요. 오늘은 한수가 더 늦게 들어왔어요. 아빠는 서재에서 책을 보느라 한수가 들어온 줄도 모르셨을 거예요. 항상 바쁜 아빠가 가끔 원망스러울 때도 있어요. 하지만 엄마는 아빠가 가난한 사람들을 변호하느라 바쁘신 거라고 했어요. 그래서 아빠를 이해해야 한다고요.

"응."

아빠는 한수에게 가까이 오라고 손짓했어요. 한수는 아

빠의 일을 방해하고 싶지 않았지만 경민이의 일을 아빠와 상의하고 싶었어요.

"아빠."

"응?"

"아빠는 친구가 무슨 짓을 하더라도 다 용서해야 한다고 생각해?"

"왜? 친구가 너한테 잘못한 일이 있어?"

"아니, 내가 다른 친구에게 잘못했어."

"그런데 왜 네가 용서해?"

아빠가 물었어요.

"아."

한수는 할 말을 찾지 못했어요. 생각해 보니 아빠의 말이 옳았어요. 경민이는 한수에게 아무 잘못도 하지 않았으니까요. 하지만 경민이에 대한 믿음이 없어졌어요. 그것 때문에 마음이 아팠고요.

"무슨 일인지 자세히 말해 보렴."

아빠는 자상하게 말했어요. 한수는 용기를 내서 오늘 있었던 일을 말했어요.

"나에게 잘못한 것은 아니지만 경민이가 내 친구라는 게 부끄러워. 그리고 위급한 상황에 처한 친구를 버리고 도망가는 것도 죄가 될 수 있는 거 아니야? 처벌을 받을 수 있는 행동이잖아."

"그러니까 한수는 그런 행동이 처벌을 받을 수도 있다고 생각하는 거야?"

"네."

"경민이는 네 친구인데도 그런 생각이 들었어?"

아빠가 물었어요. 한수는 잠시 생각했어요. 그리고 머리를 끄덕였어요.

"응. 계속 그런 생각이 들었어요. 경민이가 한 행동은 죄일까? 아닐까? 친구인 경민이가 처벌을 받는 걸 바라지는 않아. 아빠는 알지? 내 마음. 법적으로 어떻게 되는 건지 궁금해서 그래."

한수는 아빠처럼 변호사가 되는 게 꿈이에요. 그래서 유달리 법에 관심이 많지요.

"우리나라에는 없지만 외국에는 '착한 사마리아인 법'이라는 게 있어."

"착한 사마리아인 법? 그게 뭐야?"

"위험에 처한 사람을 도와주지 않는 것도 범죄로 보고 형

벌을 가하는 법이야."

아빠의 말을 들으며 한수는 고개를 갸웃거렸어요. 다른 사람을 도우려다 자신이 다칠 수 있는 거고, 그래서 돕지 않을 수 있다고 생각했기 때문이에요.

"네가 무슨 생각을 하는지 아빠는 알고 있어."

"내가 무슨 생각을 하는데?"

"위험에 처한 사람을 돕기 위해서는 용기가 필요하지. 용기가 없다고 해서 처벌을 한다? 그건 너무 억울하지 않나? 그런 생각을 하고 있었던 거지?"

"응."

"착한 사마리아인 법에는 조건이 있어."

"무슨 조건?"

"'자신의 생명이나 신체에 아무런 해가 없는데도 위험에 처한 사람을 돕지 않을 때'라는 조건."

"그러니까 내가 그 사람을 도와줘도 '아무런 해를 입지 않을 때'라는 거지?"

"그래. 그런데도 특별한 이유 없이 위험에 처한 사람을 구하지 않는다면 문제가 있는 거 아닐까?"

"그렇구나."

"한수야. 이 세상에는 많은 사람이 살고 있단다. 서로 도움을 주고받으며 살지. 그런데 아무 이유 없이 더군다나 자신에게 해가 되지 않는데도 위험에 처한 사람을 모른 척한다는 건 문제가 있지 않을까?"

한수는 고개를 끄덕였어요. 착한 사마리아인 법이 무엇인지 조금은 알 것 같았어요. 그리고 경민이의 입장에서 생각해 봤어요. 한수 역시 무서운 형들에게 쫓기고 있다면 뒤도 돌아보지 않고 도망갔을 거라는 생각이 들었어요.

"아빠."

"응?"

"경민이도 위기감을 느낀 거겠지?"

"그래. 그랬을 거다."

"그러니까 착한 사마리아인 법에 해당하는 것은 아니겠지?"

"우리 한수가 경민이 걱정을 많이 하는구나."

"아니야. 아빠, 나는 있잖아."

한수는 잠시 머뭇거렸어요.

"아빠한테 말해 봐."

"자꾸 경민이가 친구를 버렸다는 생각만 나."

아빠는 한수의 머리를 쓰다듬었어요.

"한수야. 친구를 믿는 건 어려운 일이야. 아무 일도 일어나지 않았을 때 믿는 건 누구나 할 수 있는 일이지. 하지만 어려운 일이 있을 때 서로를 믿는 것이 진정한 친구라고 할 수 있겠지?"

"응."

한수는 아빠의 말이 옳다고 생각했어요. 하지만 법적으로 아무 문제가 없다고 해서 잘못한 일이 잘한 일로 되는 것은 아니잖아요. 그러다 문득 '법이 무엇일까?'라는 생각이 들었어요.

"아빠."

"응."

"법이 뭐지?"

아빠는 갑자기 웃음을 터뜨렸어요.

"왜 웃어?"

"한마디로 대답하기 힘든 질문을 해서 그래. 아빠가 당황했잖아. 어디 보자. 아, 이게 적당하겠다. 켈젠의 『순수 법학』이라는 책이야. 네가 읽기에는 좀 어렵겠지만 한번 읽어 볼래?"

"응."

"아빠가 정말 아끼는 책이야. 특별히 한수한테 빌려주는 거니까 매일 읽은 부분 정리하기."

"으웩! 너무해. 학교 공부도 해야 하는데."

"아빠처럼 변호사가 되고 싶다며? 그러니까 한번 해 봐."

한수는 고개를 끄덕였어요.

『순수 법학』 책을 들고 있으니 자신이 변호사가 된 기분이 들었어요.

네 생각은 어때?

경민이가 광수를 돕지 못한 것이 '착한 사마리아인 법'에 위배되는 행위일까요? 착한 사마리아인 법의 내용을 자세히 알아보고 자신의 생각을 말해 보세요.

▶풀이는 172쪽에

철학자의 생각

사회를 다스리는 법의 종류

실정법, 자연법, 강제 질서

법이란 무엇인가? 이 질문에 한마디로 답하는 것은 쉽지 않습니다. 많은 사람이 다양한 정의를 내리기 때문이지요. 켈젠은 법에 대해 어떻게 말했을까요?

켈젠이 말한 법의 특징 몇 가지를 알아보기로 해요. 첫째, 법은 인간의 행위에만 적용될 수 있다고 했어요. 법을 개나 말, 소 등 동물의 행동에 적용한다는 건 무의미하다고 본 것이죠.

둘째, '실정법'만을 법이라고 보았어요. 실정법(實定法)이란 국가의 입법 기관에서 합법적인 절차를 거쳐 만든 법으로 현실적인 제도로 시행되고 있습니다. 국회에서 국회의원들이 정해진 절차에 따라 만든 모든 법을 말합니다.

법의 역사를 보면, 실정법 외에도 신법과 자연법이 있습니다. 신법(神法)이란 신이 세상을 창조할 때 구상했던 질서나 법칙을 말합니다. 신법은 신학이 모든 학문을 대표하던 중세 시대를 지배했어요. 그 이후에는 법의 역사에서 거의 사라졌다고 할 수 있어요. 그리고 자연법(自然法)은 인간의 본성이나 인간관계에서 발견할 수 있는 보편타당한 법칙을 말합니다. 자연법의 내용은 근대 이후 실정법(헌법) 속에 기본권으로 들어 있습니다.

셋째, 켈젠은 법의 중요한 특징이 '강제 질서'라고 했어요. 법은 사회 또는 사회 구성원들에게 해가 되는 행위(살인, 강도, 폭행, 절도 등)에 대해 일정한 제재(손해배상, 과태료, 형벌 등)를 가함으로써 대처하고 있습니다. 예를 들어 사람을 죽인 자에 대해서는 사형에 처하거나 감옥에 보내서 자유를 빼앗는 조치를 취한다는 것이죠. 그렇게 해서 법은 다른 사람을 존중하고 관계를 조절하는 역할을 하고 있어요.

착한 사마리아인 법은 실정법일까, 자연법일까?

경민이는 맨홀에 빠진 광석이를 혼자 놔두고 도망을 쳤지요. 경민이는 그 상황에서 신체에 해를 입을 수도 있었기 때문에 그의 행위가 '착한 사마리아인 법'에 해당한다고 보기는 어렵겠죠. 만일 경민이가 생명이나 신체에 해를 입을 위험이 전혀 없는데도 광석이를 버려두고 도망을 쳤다면 어땠을까요? 아마 경민이는 친구들이나 주위 사람들로부터 의리도 모르는 나쁜 아이라는 비난을 받았을 겁니다. 하지만 그것이 죄가 되지는 않지요. 우리나라에는 착한 사마리아인 법이 없기 때문이에요. 하지만 국회의원들이 착한 사마리아인 법을 만든다면 사정은 달라졌을 것입니다. 위험에 처한 친구를 버리고 간 경민이의 행동이 죄가 될 수 있으니까요. 이것이 바로 실정법만을 법으로 본 켈젠의 생각입니다.

하지만 이웃이 위험에 처하면 반드시 도와주어야 한다는 것을 자연법이라고 보는 사람이라면 달리 생각할 수도 있을 것입니다. 위험에 처한 타인을 돕지 않은 것은 자연법에 어긋나는 것이므로 죄가 된다고 말이지요. 이처럼 위험에 처한 친구를 두고 도망간 사건을 놓고도 법적으로 서로 다르게 보는 시각이 있다는 사실을 이해하는 것이 중요합니다.

법은 정치로부터 독립되어야 한다

켈젠은 왜 실정법만 법으로 인정하고 실정법을 법학의 탐구 대상으로 삼았을까요? 켈젠이 법에 대한 사상을 구축했던 시대는 제1차 세계대전으로 세계 질서가 무너지고 사회가 혼돈에 빠졌던 시기예요. 전 세계적으로 대립과 갈등이 팽배했던 시기였죠. 국가나 개인은 자신의 이익을 챙기기에 급급했어요. 이런 이해관계에 맞서 사회를 통합할 수 있는 법 이론은 없었습니다. 사회 지배층은 자신들의 이익에 더 유리한 이론이 옳다며 저마다 목소리를 높였지요.

이런 상황에서 켈젠은 법학을 정치와 정치적 이해관계로부터 독립시켜야 할 필요성을 절실히 느꼈습니다. 그래서 사회적 이해관계에 바탕을 두고 있던 당시의 법학을 비판하고 순수하게 객관적인 법학 즉, 과학적인 법학을 세우기 위해 혼신의 노력을 기울였지요. 그 노력의 결실이 바로 '순수 법학'입니다. 여기서 '순수'라는 말은 법학이 심리학, 사회학, 윤리학, 정치 이론 등과 결합한 전통 법학을 버리고, 법학의 인식 대상을 오로지 실정법에만 국한시켜 체계적으로 고찰한다는 의미를 담고 있습니다.

즐거운 독서 퀴즈

1 불량배들에게 쫓기던 경민이는 맨홀에 빠진 광석이를 그냥 두고 도망칩니다. 이렇듯 위급한 상황에서 친구가 다치거나 위험에 처한다면 여러분은 어떻게 행동하겠습니까? 솔직한 마음을 적어 보세요.

_____

_____

2 다음 글에서 설명하는 법률 용어는 무엇일까요? (   )

- 자신에게 특별한 위험이 없는데도 위험에 처한 사람을 구하지 않은 행위를 처벌하는 법.
- 프랑스, 영국 캐나다 등 많은 나라에서 시행하고 있다.
- 인간의 도덕적·윤리적인 의무를 법제화한 것.

❶ 민법   ❷ 착한 사마리아인 법
❸ 정당방위   ❹ 형사법

정답

1 아이들이 자신 잃고 후회하는 것이 우선입니다. 몰론 불량배들에게 나 또한 괴롭힘을 당할 수 있지만 친구가 맨홀에 빠진 상황은 안전사고이므로 친구를 구해야 옳다고 생각합니다.
2 착한 사마리아인 법

3 아래 설명에 맞는 용어를 보기에서 골라 써 보세요.

> **보기**
>
> 실정법   자연법   신법   강제 질서

❶ 신이 세상을 창조할 때 만들었던 질서나 법칙. (   )

❷ 국가의 입법 기관에서 합법적인 절차를 거쳐 만든 법. 현실적인 제도로써 시행되고 있다. (   )

❸ 인간의 본성이나 인간관계에서 발견할 수 있는 보편타당한 법칙. (   )

❹ 법의 중요한 특징으로 사회 또는 구성원들에게 해가 되는 행위에 형벌 등의 제재를 가하는 것. (   )

정답

❶ 신법   ❸ 자연법
❷ 실정법   ❹ 강제 질서

과학적 인식에 비추어 볼 때 그 자체로서 효력을 가지면서
다른 도덕의 효력 가능성을 배제하는 절대적 도덕은 존재하지 않는다.

- 한스 켈젠

한수와 절친인 삼촌이 결혼한단다.
동성동본인 예비 숙모와 인사하러 온 삼촌.
옛날에는 동성동본 결혼은 금지였는데….
엄한 할아버지가 결혼을 반대할까 봐
삼촌이 엄청 쫄고 있다. 히히.
삼촌, 결혼이 그렇게 좋아?

경민이를 찾아서

　한수는 밤늦게까지 책을 읽느라 결국 늦잠을 자고 말았어요. 지각할까 봐 아침밥도 챙겨 먹지 못했어요. 급하게 집을 나와 학교까지 뛰어갔어요. 숨이 찼지만 지각하는 건 정말 싫었거든요.
　"어?"
　교문을 몇 걸음 앞에 두고 한수는 멈춰 섰어요. 막 교문을 들어서는 경민이의 뒷모습을 발견했거든요. 평소 같으면 달려가 껴안았을 거예요. 그런데 오늘은 그러고 싶지 않았어요. 심지어 '경민이가 뒤돌아보면 어쩌나.' 하며 걱정까지 되는 거예요. 한수는 자신도 모르게 교문 옆 벽에 딱 붙어

섰어요. 경민이가 건물 안으로 들어갈 때까지요.

"뭐 해?"

'이제 들어가도 되겠지.' 하고 생각하고 있는데 민지가 얼굴을 불쑥 들이밀고 물었어요.

"우와."

얼마나 놀랐던지 한수는 뒤로 한 발자국 물러서다 벽에 머리까지 받았어요.

"괜찮아?"

민지는 웃음을 터뜨리며 한수의 뒤통수를 쓰다듬었어요.

"응."

"빨리 들어가자. 지각하겠다."

한수와 민지는 교문 안으로 들어섰어요.

"경민이 봤어."

한수가 말했어요.

"나도."

민지도 말했어요.

"그냥 모른 척했어."

한수가 말했어요.

"나도."

민지도 말했어요.

"이러고도 친구라고 할 수 있는지 모르겠다."

"나도."

한수와 민지는 동시에 한숨을 쉬었어요. 둘은 아무 말 없이 운동장을 가로질러 현관으로 들어섰어요. 2층에 있는 교실까지 가는 데는 2분도 걸리지 않았어요. 곧 경민이와 마주칠 거예요. 한수는 평소와 똑같이 경민이를 대해야 한다고 생각했어요. 하지만 친구를 내버려 두고 혼자 도망쳤다는 생각이 자꾸만 들어 자신이 없었어요.

경민이는 교실에 없었어요. 분명히 학교 안으로 들어가는 것까지 봤는데 어디로 갔을까요? 한수는 경민이의 빈자리에서 눈을 뗄 수가 없었어요. 그때 선생님이 들어왔어요.

"어제 광석이 문병을 간 친구들이 있더구나. 잘했다. 아직 안 간 친구들도 될 수 있으면 가 보도록. 광석이가 병원에만 있으면 많이 심심할 거야."

"네."

아이들은 큰 소리로 대답했어요.

"경민이가 교무실에 들어가는 것 봤어. 학교에 오자마자 조퇴한 것 같아."

영진이가 옆에서 소곤거렸어요.

"그래?"

한수는 그 말을 듣는 순간 마음이 아팠어요. '경민이는 혼자 괴로워하고 있는 걸까? 만약 내가 경민이었다면…….' 그런 생각이 들자 한수는 가만히 있을 수가 없었어요.

'경민이를 만나야겠다.'

한수와 민지는 수업이 끝난 후 경민이 집으로 갔어요. 초인종을 눌렀지만 아무도 대답하지 않았어요. 한수와 민지는 집 앞에서 기다리기로 했어요. 그런데 한 시간이나 기다려도 경민이는 오지 않았어요. 대신 어떤 남자가 와서 말을 걸었어요.

"너희들 뭐 하니?"

"친구 기다려요."

한수가 말했어요.

"혹시 그 친구가 김경민이니?"

"네."

"그래? 경민이가 학교에도 안 갔니?"

"네."

한수는 대답했지만 그 남자가 마음에 들지 않았어요. 뭔가 꼬치꼬치 캐묻는 말투였거든요.

"학교가 어디라고 했더라?"

남자가 턱을 쓱쓱 비비며 물었어요. 한수는 이번에는 대답하지 않았어요.

"아저씨, 나쁜 사람 아니야."

남자는 히죽 웃으며 말했어요. 얼굴이 야비해 보였어요. 한수는 멀뚱히 남자의 얼굴을 쳐다봤어요.

"진짜야."

남자가 다시 말했어요. 사실 한수는 남자가 나쁜 사람일 거라는 생각은 하지 않았어요. 그냥 뭔가가 이상하다는 느낌이 들었어요. 그런데 남자가 자신은 나쁜 사람이 아니라고 강조하니까 더욱 나쁜 사람처럼 보이는 거예요. 하지만 한수는 그 말을 하지 않았어요. 정말 나쁜 사람한테 그렇게 보인다고 말하면 위험한 일을 당할 수도 있다는 생각이 들었거든요. 그래서 남자의 말에 고개를 끄덕이면서 슬금슬금 뒤로 물러섰어요.

"학교가 어디니?"

"그건 왜 물어요?"

둘의 대화를 가만히 듣고 있던 민지가 대차게 물었어요.

한수가 화들짝 놀라면서 민지에게 그냥 가자고 눈치를 주었어요.

"응. 경민이가 걱정이 되어서."

"아저씨는 경민이랑 어떤 관계예요?"

"경민이랑 아주 친한 관계야."

"어떻게 친한 관계요?"

한수는 민지 때문에 한숨이 나올 지경이었어요. 낯선 남자랑 그렇게 길게 얘기할 필요가 없다고 생각했거든요. 그냥 가 버리면 될 것을 민지가 왜 저러나 싶었어요.

"가자."

결국 한수는 민지의 손을 잡고 끌어당겼어요.

"왜?"

"늦었잖아. 아빠한테 혼날 거야."

한수는 대충 둘러댔어요.

"알았어."

그제야 민지도 한수의 마음을 눈치채고 순순히 대답했어요. 둘은 남자에게 고개만 숙여 인사한 뒤 뒤돌아섰어요. 그런데 그 사람이 뒤에서 자꾸만 부르는 거예요. 둘은 못 들은 척하면서 빠르게 걸었어요.

"쫓아오면 어떡하지?"

한수가 작은 소리로 말했어요.

"쫓아오면 뭐? 그냥 가면 되지."

민지는 대수롭지 않게 말했어요.

"잠깐만, 얘들아."

남자가 한수의 어깨를 붙잡았어요. 한수는 깜짝 놀라서 고함을 지를 뻔했어요.

"학교가 어디냐니까?"

남자의 얼굴은 굳어 있었어요. 그제야 민지도 겁이 났는지 한수의 손을 꽉 붙잡았어요.

"몰라요."

한수는 그렇게 말하며 민지를 잡고 뛰기 시작했어요. 사람들이 많이 다니는 길이었지만 남자가 무슨 짓이라도 할까 봐 겁이 났어요. 그래서 뒤도 돌아보지 않고 뛰었어요.

'경민이도 이렇게 겁이 났겠지? 아니, 나보다도 더했을 거야.'

뛰는 내내 한수는 경민이 생각을 했어요. 자신이 경민이와 비슷한 입장이 되고 보니 경민이의 마음이 더 이해가 되는 거예요.

"그만 뛰어도 돼."

민지가 숨을 헐떡이며 말했어요.

"이제 안 쫓아와."

한수는 뒤돌아보았어요. 남자는 멀리 서서 둘을 바라보고만 있었어요.

"이상한 아저씨야."

민지는 투덜거렸어요.

"경민이 친척일까? 이름도 알던데."

한수도 그런 생각이 들었어요. 혹시라도 경민이 친척이면 어떡하나 걱정도 됐어요. 만약 친척이 맞는다면 경민이 친구들은 불친절하다고 생각할까 봐요.

"그런데, 경민이는 도대체 어디로 간 거야?"

민지가 말했어요.

"조퇴했으면서 집에는 없고. 어디 다른 데 갈 만한 곳 없을까?"

한수는 경민이가 어디에 갔는지 아무리 생각해도 알 수가 없었어요.

"글쎄······."

"만화방에 갔을까?"

"경민이는 만화책 안 읽잖아."

"그건 그래. 그럼 어디서 찾지?"

"이 동네 공원 있잖아. 그곳부터 가 보자."

한수와 민지는 일어났어요. 일단 동네 공원에 가 보고, 그곳에도 없으면 PC방을 돌아보기로 했어요.

경민이 동네의 공원은 작았어요. 둘러볼 것도 없이 그냥 그 자리에 서서 봐도 누가 있는지 다 알 정도였어요. 할아버지 두 분이 벤치에 앉아 대화를 나누고 있었어요. 그 외엔 아무도 없었어요. 한수와 민지는 공원에서 가장 가까운 PC방부터 들어갔어요. 그곳에서도 경민이를 찾을 수가 없었어요. 경민이 동네에서 꽤 먼 곳에 있는 PC방까지 둘러보는 동안 날은 벌써 저물어서 캄캄했어요.

"어디로 간 거야?"

민지가 투덜거렸어요.

"아침에 봤을 때 말을 걸었어야 했는데."

한수는 후회했어요.

"경민이 혼자서 많이 힘들어한 것 같네."

한수는 민지의 말을 들으며 고개를 끄덕였어요. 광석이는 몸을 다쳤지만, 경민이는 마음을 다친 것 같았어요.

"내일 학교에 오겠지?"

민지가 말했어요. 한수는 고개만 끄덕였어요. 벌써 이틀째 경민이는 모습을 보이지 않았어요. 내일도 경민이를 보지 못한다면 아주 많이 슬플 것 같았어요.

네 생각은 어때?

경민이는 불량배 중학생에게 쫓기다 맨홀에 빠진 광석이를 그냥 두고 갔다는 죄책감에 힘들어하고 있어요. 반 친구들은 경민이를 비난하고 있지요. 여러분이 경민이를 만난다면 어떤 조언을 해줄 수 있나요? 진심을 적어 보세요. ▶풀이는 173쪽에

삼촌과 결혼하는 여자

한수는 경민이를 찾아다니느라 무척 피곤했어요. 집에 들어가면 바로 깊은 잠에 빠져들 것 같았어요. 매일 책을 읽겠다고 아빠와 한 약속은 못 지킬 것 같네요. 현관문을 열자 사람들의 웃음소리가 들렸어요.

"한수 왔구나."

거실에 있던 삼촌이 한수를 발견하고 반갑게 맞았어요.

"삼촌!"

한수는 삼촌에게 달려가 안겼어요. 삼촌은 아빠랑 나이 차이가 많이 나지요. 그래서 어릴 때부터 삼촌과 친구처럼 지냈어요. 삼촌이 직장 때문에 멀리 이사를 갈 때는 삼촌을 붙잡고 엉엉 울며 가지 말라고 했어요. 그렇게 보고 싶었던 삼촌이 거실에 앉아 있는 것을 보니까 며칠 동안 힘들었던 일들이 저절로 사라지는 것 같았어요.

"인사해라. 네 숙모 되실 분이다."

삼촌은 옆에 앉은 여자를 가리키며 말했어요.

"숙모?"

"그래. 삼촌 곧 결혼한다."

"결혼? 삼촌이?"

한수는 왠지 마음이 이상했어요. 삼촌 옆에 앉아 있는 여자가 삼촌을 빼앗아 가는 느낌까지 들었어요. 한수는 인사했어요. 숙모가 될 분이 한수에게 "잘생겼네!"라고 말했어요. 목소리가 예뻤어요. 하지만 외모는 마음에 들지 않았어요.

'쳇! 동글동글하잖아. 얼굴도, 눈도, 코도. 저런 사람이랑 왜 결혼한다는 거야?'

한수는 속으로 투덜거렸어요. 삼촌이 결혼을 하면 예전처럼 삼촌과 친하게 지낼 수 없을 것 같았어요. 지금만 해도 그래요. 결혼할 여자가 옆에 있으니까 삼촌은 점잖게 앉아만 있을 뿐 한수와 장난도 치지 않잖아요.

"삼촌이 결혼하니까 섭섭하니?"

엄마가 웃으면서 말했어요.

"그런 거 아니야."

한수는 버럭 소리를 질렀어요.

"요 녀석 보게. 진짜 섭섭한가 보네."

엄마는 야단을 치는 대신 한수의 머리를 쓰다듬었어요. 엄마가 그러니까 눈물이 왈칵 쏟아지려고 했어요.

"안 섭섭하다니까."

한수는 고개를 푹 숙인 채 말했어요. 그리고 벌떡 일어나 방으로 들어가 버렸어요. 뒤에서 어른들이 웃는 소리가 들렸어요.

"쳇! 왜 웃는 거야?"

한수는 옷도 갈아입지 않고 침대에 누웠어요. 경민이는 어딜 갔는지 보이지 않고, 삼촌은 결혼을 한다고 하고. 정말 우울하고 복잡한 하루예요.

"형이 설득해 줘."

한수는 잠결에 삼촌의 목소리를 들었어요. 침대에 누워 그대로 잠이 들었나 봐요. 한수는 눈을 비비며 일어났어요.

"아버지께서 내 말이라고 들으시겠냐?"

아빠의 목소리가 들렸어요. 한수는 문 쪽으로 다가갔어요.

"아버지가 형은 믿으시잖아."

삼촌의 목소리는 간절했어요.

"형도 알잖아. 법적으로도 아무 문제가 없다는 걸."

법? 삼촌이 법에 관한 말을 하자 한수는 무슨 일인지 궁금해서 견딜 수가 없었어요. 그래서 문을 살짝 열어 거실을 내다봤어요. 거실에는 아빠와 삼촌만 있었어요. 엄마와 삼촌이 데려온 여자분은 어딜 갔는지 보이지 않았어요.

"그래. 동성동본이라도 결혼할 수가 있지. 법으로 따지면 그래. 하지만 아버지가 반대하시잖니?"

"법이 바뀐 지가 언젠데 아버지가 반대한다고 사랑하는 여자와 헤어져?"

삼촌의 목소리가 높아졌어요.

"알아. 하지만 아버지가……."

"형, 형은 법을 공부한 사람이잖아. 그러니까, 형이 아버지에게 말해 줘. 세상이 옛날과 달라졌다고. 가치도, 법도 달라졌다고 말이야."

삼촌은 아빠에게 애원했어요. 아빠는 한숨을 쉬었어요.

"그래. 생각 좀 해 보자. 어떻게 해야 아버지를 설득할 수 있을지를."

아빠가 그렇게 말하자 삼촌은 아빠의 손을 덥석 잡았어요.

"고마워. 형, 고마워."

"인사를 받긴 아직 일러. 아버지가 허락할지 안 할지도 모르는 상황인데."

"그래도 변호사인 형이 법적으로 괜찮다고 말하면 마음을 돌리실 거야."

"알았다. 여자 친구 너무 오래 기다리게 하는 거 아니야? 이제 나가 봐."

"응. 형만 믿는다. 고마워."

삼촌은 그렇게 말하며 현관 쪽으로 갔어요.

"삼촌."

한수는 문을 벌컥 열고 삼촌을 불렀어요.

"어, 자고 있었던 거 아니야?"

"응. 그런데 가려고? 자고 가면 안 돼?"

한수는 삼촌의 소매 끝을 붙잡으며 졸랐어요.

"오늘은 그렇고, 다음에 또 올게."

"다음에 말고. 오늘."

여느 때와 달리 한수는 고집을 피웠어요. 그동안 있었던 일들을 삼촌에게 말하고 위로받고 싶었어요. 하지만 삼촌은

'다음에.'라고 말하는 거예요. 그렇게 말하는 삼촌의 얼굴은 굉장히 피곤해 보였어요.

"알았어. 또 놀러 와."

한수가 말하자 삼촌은 한수의 머리를 쓰다듬었어요.

"형, 아버지를 부탁해."

삼촌은 아빠에게 한 번 더 말한 뒤 현관 밖으로 나갔어요. 한수는 그 자리에 가만히 선 채 닫힌 문을 쳐다봤어요. 자꾸만 눈물이 날 것 같았어요.

"쳇, 배신자."

한수는 중얼거렸어요. 그리고 힘없이 돌아서서 아빠 옆에 앉았어요.

"삼촌이 결혼하는 게 그렇게 섭섭해?"

아빠가 물었어요.

"응."

"삼촌이 결혼하면 숙모가 생기는데도?"

"그래서 싫어."

"사촌 동생이 생기는데도?"

"그래서……."

한수는 싫다고 말하려다 그만두었어요. 그동안 형제가

있는 친구들을 부러워했던 게 생각났거든요.

"남동생이면 좋겠다. 그런데 할아버지가 삼촌 결혼 허락 안 해? 왜 허락 안 해 줘?"

"삼촌이랑 결혼할 여자가 우리랑 동성동본이라서 그래."

"동성동본? 그게 뭐야?"

"동성동본은……."

한수는 아빠가 하는 말을 자세히 듣기 위해 아빠 옆에 바싹 붙어 앉았어요.

가치의 상대성

 동성동본은 '성'과 '본'이 같은 거래요. 그러니까 예전에 한 조상 밑에서 태어난 사람들이라는 거죠. 아주 예전에요. 조상이 같으니 성과 본이 같은 거예요. 하지만 동성동본이라고 해서 다 친척이 되는 건 아니에요. 당연한 일이지요. 세상에 성이 같은 사람이 얼마나 많은데요. 그 사람들이 다 친척이고 아는 사람들이라면 진짜 복잡해질 거예요. 그 사람들 이름을 다 기억하고 다 만나야 하잖아요. 그러니까 동성동본이라고 해도 사실은 남이 될 수도 있다는 이야기예요.
 "과거에는 동성동본인 혈족 사이에는 결혼을 할 수 없었단다. 법으로 금지되어 있었지. 그런데 요즘은 8촌 이내만 결혼할 수 없어. 그 외에는 결혼을 해도 법적으로 아무 문제가 없지."

"이상해."

한수는 아빠의 설명을 듣다 말고 고개를 갸웃거렸어요.

"뭐가?"

"과거에는 안 되는 게 요즘은 어떻게 될 수가 있는 거야? 동성동본이라는 사실은 똑같은데."

"하하. 우리 한수가 정말 좋은 질문을 했구나."

아빠는 시원하게 웃었어요. 한수는 그런 아빠의 웃음소리가 좋았어요. 서재에서 책을 읽을 때 아빠의 표정은 너무 굳어 있어서 말을 거는 것도 어려워요. 그래서 한수는 가끔 아빠가 멀리 있는 사람처럼 느껴져요.

"한수야. 세상은 끊임없이 변한단다. 늘 고여 있는 물이 아니라 흐르는 강물 같은 거지. 예전과 지금이 다르고, 지금과 다음이 다를 거야. 사람들의 삶도, 생각도 달라질 수밖에 없지. 그런데 법이 예전과 똑같기만 하다면 지금 세상과는 맞지 않을 거야."

"아빠 말을 들으니까 그런 것 같기도 해. 만약, 내가 옛날 아이와 놀게 된다면 서로 다툴 일이 많을 테니까."

"그건 시대에 따라 가치가 달라지기 때문이지."

"가치가 달라?"

"예전에는 중요했던 것이 요즘은 중요하지 않은 거야. 반대로 예전에는 중요하지 않았던 것이 요즘은 중요해지기도 하지. 예를 들면, 예전에는 길에서 오줌을 눠도 괜찮았지만 요즘은 길에서 오줌을 누면 법에 걸리는 거야."

"하하하. 길에서 오줌을 눠?"

오줌 이야기가 나오자 한수는 부끄러워졌어요. 그래서 큰 소리로 웃었어요.

"사람들에게 중요하게 생각되는 것들이 달라진 거야. 그런 것을 '가치의 상대성'이라고 해."

"가치의 상대성?"

"하하. 꼭 앵무새 같구나."

"아빠랑 이런 이야기하고 있으니까 머릿속에 갑자기 파도가 밀려오는 것 같아."

"머리가 복잡하다는 얘기야?"

"응."

"그렇게 복잡한 말이 아닌데……."

"아빠는 어른이고 변호사니까 그렇지."

"그렇구나. 그럼 좀 더 쉽게 말해야겠네. 사람들이 생각하는 가치는 달라지기 마련이야. 예전과 지금이 다르기 때문이지. 그러니까 법도 사람들의 가치에 따라 변하기 마련이야."

"그렇구나. 법이라는 것이 변할 수도 있는 거구나."

한수는 '법'이라는 게 참 재미있었어요. 자신과는 멀리 있는 건 줄 알았는데 사실은 생활 가까이에도 있는 거였어요. 그리고 사람들의 가치가 변하면서 법도 변한다는 사실이 흥미로웠어요.

'딱딱한 줄만 알았는데 생각할 거리가 많네.'

방으로 들어온 한수는 책상 앞에 앉아 『순수 법학』을 펼쳤어요. 책을 읽으려는데 갑자기 『순수 법학』의 저자인 켈젠이 누군지 궁금했어요. 그래서 컴퓨터를 켰어요. 켈젠에 대해서 노트에 정리를 해 보려고요.

켈젠은 오스트리아의 법 철학자이다. '순수 법학'으로 알려진 실증주의적 이론을 주창했다. 독일의 대학교에서 강의했으며, 1920년에 채택된 오스트리아 헌법의 제정에 참여했다. 1940년 미국으로 이주한 후에 하버드 대학교, 버클리 캘리포

니아 대학교에서 강의했다. 그가 지은 책으로는 『순수 법학』, 『법과 국가의 일반이론』, 『국제법 원리』 등이 있다. 켈젠은 현대의 법사상과 법 이론에 결정적인 영향을 끼친 사람이다.

'우와, 대단한 사람이네.'
한수는 감탄했어요. 그리고 마음이 들떴어요. 켈젠의 『순수 법학』을 매일 읽을 수 있다는 생각 때문에요. 아빠가 아니었다면 켈젠이라는 사람의 존재조차 몰랐을 거예요. 당연히 켈젠의 책을 읽을 생각도 안 했겠죠.
한수는 켈젠에 대한 이야기를 노트에 옮겨 적은 뒤 컴퓨터를 끄려고 했어요. 그런데 낯익은 단어가 얼핏 눈에 띄었어요. 한수는 포털 사이트에 올라와 있는 기사의 제목을 읽었어요.

아이돌 그룹 '파워'의 멤버 우주 오늘 정오에 사망, 자살로 추정.

우주가 자살? 한수는 믿을 수가 없었어요. 파워는 한수가 제일 좋아하는 그룹이었어요. 네 명의 멤버 중 우주는 가

장 멋지게 춤을 추는 사람이었고요. 한수는 제목을 클릭했어요. 사실이 아니기를 바라면서요. 그런데 우주가 자택에서 자살했고, 연예인 친구들이 우주의 집을 방문하고 있다는 기사가 떴어요.

"어, 엄마! 아빠!"

한수는 덜컥 겁이 나 방문을 열고 거실로 뛰쳐나갔어요.

"왜 그러니?"

거실 소파에 앉아 있던 아빠가 물었어요.

"우주가 자살했어, 아빠."

한수는 울먹이며 말했어요. 더 이상 우주를 볼 수 없다는 생각이 들어 슬펐어요. 하지만 그 보다 자살, 죽음 같은 단어 때문에 겁이 났어요.

"우주가 누구니? 친한 친구였니?"

그렇게 말하며 아빠는 한수를 안았어요. 아빠 품에 안기니 무섭지 않았어요. 하지만 아빠는 어떻게 우주를 모를 수가 있을까요?

아빠는 한수가 잠들 때까지 옆에 있었어요. 무서운 꿈을 꾸지 않았다면 아침까지 편안하게 잤을 거예요.

새벽 2시쯤이었을 거예요. 한수는 꿈속에서 우주를 보았어요. 우주는 검은 옷을 입고 어디론가 가고 있었어요. 처음에는 그냥 우주를 보는 게 좋았어요. 그러다 곧 우주가 죽었다는 사실이 기억났어요. 그렇게 무섭진 않았어요. 그런데 곧 우주의 뒤를 따라가고 있는 경민이와 삼촌이 보였어요. 한수는 그들을 불렀어요. 하지만 그들은 돌아보지 않았어요. 덜컥 겁이 났어요. 경민이와 삼촌이 우주를 따라 어디론가 가 버릴까 봐서요. 그래서 한수는 그들을 쫓아 뛰었어요. 뛰고 또 뛰다 넘어졌을 때 한수는 잠에서 깼어요. 한수는 몹시 슬펐어요. 경민이와 삼촌은 우주를 따라 멀리 가 버리고 싶을 정도로 힘들었을까요? 그들을 보살피지 못해서 한수는 마음이 아팠어요.

한수는 침대에서 일어나 불을 켰어요. 그리고 책상 앞에 앉아 『순수 법학』을 펼쳤어요. 아는 것이 많다면 경민이와 삼촌을 도울 수도 있을 거라는 생각이 들었거든요. 그래서 정말 열심히 책을 읽었어요. 밤이 깊어 새벽이 될 때까지요.

철학자의 생각

가치 상대주의

절대적인 가치는 없다

동성동본 사이의 혼인을 금지하는 유교 문화에 익숙한 할아버지는 삼촌의 결혼을 반대했어요. 반면에 삼촌은 사회와 법이 바뀌었기 때문에 동성동본 간에 혼인하는 것이 문제가 없다고 생각하고 있지요. 둘 중 누구의 생각이 맞을까요? 이런 상황에서 어느 한쪽이 절대적으로 옳다고 말할 수 없다는 것이 가치 상대주의적 사고입니다.

경쟁은 사람들의 관계 속에서 불화를 부추깁니다. 하지만 경쟁을 통해 발전할 수도 있지요. 그렇다면 경쟁과 평화 중 무엇이 더 나은 가치일까요? 켈젠은 경쟁과 평화 중 어느 하나가 절대적으로 나은 가치라고 말할 수 없다고 말합니다. 가치에 대한 사람들의 생각은 시대, 사회, 직업, 지위 등에 따라 다양할 수 있기 때문입니다. 모든 가치 가운데 절대적으로 나은 하나의 가치는 없다는 것이죠. 즉 모든 가치는 상대적이라는 것입니다. 가치 상대주의자인 켈젠은 절대적 가치를 부정하고 모든 가치는 상대적이라고 보았습니다.

법의 주요 이념은 가치 상대주의

가치에 관한 이러한 생각은 옳은 법인가, 옳지 않은 법인가 하는 판단에도 영향을 줍니다. 우리나라의 옛 민법(제809조 제1항)은 "동성동본인 혈족 사이에서는 혼인하지 못한다."라고 되어 있어요. 동성동본 간의 혼인을 절대적으로 금지하고 있었던 거죠. 하지만 현재의 민법은 "8촌 이내의 혈족 사이에서는 혼인하지 못한다."라고 규정하고 있어요. 절대적 금지를 풀고 일정한 범위 내에서만 혼인을 금지한 거죠. 만일 한수 할아버지의 의견이 옳다면 옛날 민법이 옳은 법이라고 할 수 있고, 한수 삼촌의 의견이 옳다면 옛 민법은 틀린 것이라고 할 수 있을 것입니다.

하지만 어떤 법도 절대적으로 옳거나 옳지 않다고 말할 수 없다는 것이 가치 상대주의입니다. 입법 기관에서 법을 변경한 것은 시대에 따라 사회의 인식이 바뀌고, 그에 따라 동성동본 간의 혼인에 대한 가치도 바뀌었다는 점을 보여준 것입니다.

    가치 상대주의는 민주주의의 중요한 이념적 바탕입니다. 결정을 내릴 때 우리는 대화와 타협을 강조합니다. 그 까닭은 가치의 상대성 때문입니다. 만일 절대적 가치가 존재한다면 모든 사람이 그에 따라 행해진 결정을 불평 없이 받아들여 논쟁을 할 필요가 없겠죠. 하지만 각자 중요하게 여기는 가치가 다르기 때문에 대화와 타협을 통한 이해가 중요한 것이지요. 자신의 의견만이 옳다고 다른 사람에게 강요한다면 문제를 해결하지 못하고 욕설과 주먹다짐을 하면서 시간을 허비하게 될 것입니다.

    그렇기 때문에 서로가 중요하게 여기는 가치를 인정하고 존중하는 것이 대화와 타협의 첫걸음이 되겠지요. 이처럼 가치 상대주의는 민주주의의 바탕을 이루고 있습니다.

즐거운 독서 퀴즈

1 다음은 한수 아빠와 삼촌의 대화예요. 삼촌이 동성동본인 여자와 결혼을 반대할까 봐 무척 걱정하고 있어요. 2005년까지 동성동본은 결혼할 수 없었지만, 지금은 8촌이 넘으면 결혼할 수 있도록 법이 바뀌었어요. 이렇게 시대에 따라 법과 가치가 바뀌는 것을 무엇이라고 할까요?   (   )

> "그래. 동성동본이라도 결혼할 수가 있지. 법으로 따지면 그래. 하지만 아버지가 반대하시잖니?"
> "법이 바뀐 지가 언젠데 아버지가 반대한다고 사랑하는 여자와 헤어져?"
> 삼촌의 목소리가 높아졌어요.
> "알아. 하지만 아버지가……."
> "형, 형은 법을 공부한 사람이잖아. 그러니까, 형이 아버지에게 말해 줘. 세상이 옛날과 달라졌다고. 가치도, 법도 달라졌다고 말이야."

❶ 절대주의   ❷ 상대주의   ❸ 문화 상대주의   ❹ 가치 상대주의

정답

❹ 가치 상대주의

2 다음은 가치 상대주의에 대한 설명입니다. 괄호 안에 들어갈 말은 각각 무엇일까요? (   )

> 가치 상대주의는 (   )의 중요한 이념적 바탕입니다. 결정을 내릴 때 우리는 대화와 타협을 강조합니다. 그 까닭은 가치의 (   ) 때문입니다. 만일 절대적 가치가 존재한다면 모든 사람이 그에 따라 행해진 결정을 불평 없이 받아들여 논쟁을 할 필요가 없겠죠.

3 크게는 국가와 사회, 작게는 학교와 가정에서 결정을 내려야 할 상황에서, 저마다 생각이나 가치가 다를 때 필요한 두 가지는 무엇인가요? 2의 지시문에서 답을 찾아보세요.

(와   )

정답

2 민주주의, 상대성
3 대화, 타협

존재로부터 당위가 도출될 수 없고
당위로부터 존재가 도출될 수도 없다.
당위는 당위로부터 도출될 수 있을 뿐이다.

- 한스 켈젠

한수와 민지를 차갑게 대하는 경민이.
친구를 두고 도망간 일 때문에 제발 저려서 저러나?
분명 경민이한테 무슨 일이 있는 게 틀림없어.
경민이를 돕고 싶은데….
이래봬도 난 『순수 법학』을 읽고 있는
미래의 변호사인데….

선생님은 멋쟁이

　수업이 시작되었지만 경민이의 자리는 비어 있었어요. 한수는 경민이 때문에 속상했어요.
　'경민이 이 자식, 정말 어떻게 된 거야? 어디를 그렇게 헤매고 다니는 거야?'
　그런 생각을 하고 있는데 옆에서 영진이가 갑자기 말을 걸었어요.
　"어제 경민이 집에 갔었다며?"
　한수는 고개만 끄덕였어요.
　"이러다 학교 안 나오는 거 아니야? 아니면 전학 가거나."
　"뭐? 경민이가 전학은 왜 가?"

한수는 자신도 모르게 소리 높여 말했어요. 영진이는 입술을 삐죽 내밀었어요.

"왜 나한테 그래? 사실 나 같아도 학교 못 나오겠다. 그런 일을 저질러 놓고 어떻게 와?"

"경민이 같은 상황에 처했다면 너도 도망갔을걸."

한수가 퉁명스럽게 말했어요.

"난 그렇게 비겁한 짓은 안 해."

영진이가 큰 소리를 내며 한수를 노려봤어요. 한수는 영진이의 눈길을 피했어요. 영진이의 말이 맞아요. 영진이는 경민이가 아니니까요. 영진이는 경민이와 다른 행동을 했을 거예요. 그렇다고 경민이의 행동이 무조건 비난받는 건 싫었어요.

'경민이도 그 때문에 괴로워하고 있잖아.'

한수는 그 말까지 하지는 않았어요. 한수도 처음에는 경민이의 괴로움을 이해하지 못했으니까요.

"미안하다."

한수는 영진이에게 사과했어요. 영진이는 아무 말 없이 가방에서 책을 꺼내 펼쳤어요.

"미안하다니까."

한수가 다시 말했어요. 영진이는 잠시 아무 말도 하지 않았어요. '영진이가 정말 화가 많이 났구나.' 한수는 애꿎은 책상만 뚫어지게 내려다봤어요. 그때였어요.

"나도 미안해."

영진이가 작은 목소리로 말하는 것이 들렸어요. 한수는 고개를 숙인 채 배시시 웃었어요. 또다시 친구를 힘들게 하고 싶지 않았거든요.

화해를 하고 몇 분이 지나지 않아 선생님이 들어왔어요. 선생님은 경민이의 빈자리를 흘끔 쳐다보더니 한숨을 쉬었어요. 한수도 선생님의 눈길을 따라 경민이의 빈자리를 다시 보았어요. 주인을 잃은 책상과 의자가 외로워 보였어요.

"오늘도 즐거운 마음으로 공부를 시작하자."

선생님이 그렇게 말하자 여기저기에서 "안 즐거워요."라는 말이 쏟아져 나왔어요.

"하하. 그럼 선생님이 가르쳐 주지. 공부가 얼마나 즐거운지. 일단 책부터 펼쳐 봐. 이 책 안에는 너희들에게 줄 기쁨이 가득 들어 있단다. 정신과 마음을 채워 줄 수 있는 기쁨들이야."

한수는 선생님의 말을 들으며 계속 싱글벙글 웃었어요.

한수는 선생님의 말뜻을 알 것 같았거든요. 한수는 책을 읽을 때마다 사람들을 좀 더 이해할 수 있을 것 같은 기분이 들었어요. 경민이 일만 해도 그래요. 경민이는 나쁜 형들이 뒤쫓는 상황에서 도망을 쳤어요. 경민이는 아마도 도망가는 게 최선이라고 생각했을 거예요. 광석이가 맨홀에 빠진 건 몰랐을 테니까요. 둘 다 형들에게 붙잡히는 것보다는 경찰 아저씨에게 도움을 요청하는 게 나았을 거라고 생각했는지도 몰라요. 그런 생각 때문에 경민이는 있는 힘껏 뛰었을 거예요. 만약, 경찰 아저씨에게 도움을 요청하지 않았다고 해도 한수는 경민이를 탓할 수가 없었어요. 그 상황에 있지 않고서는 그 누구도 함부로 말할 수 없는 일이잖아요.

그런데 영진이는 경민이가 혼자 도망친 것이 비겁하다고 생각하고 있어요. 만약 붙잡히더라도 함께 붙잡혀야 한다고요. 함께 붙잡히면 의리를 지킬 수 있었을 거예요. 하지만 그럴 때는 누가 도움을 요청할 수 있을까요?

정말 어떤 결정이 옳은 것인지 모르겠어요. 경민이도 영진이도 어느 쪽에 더 가치를 두고 생각하느냐에 따라 행동할 수 있는 것이니까요.

만약 가치의 상대성을 몰랐다면 이런 생각은 못했을 거

예요. 공부를 해서 무언가를 알게 되면 생각이 더 깊어지나 봐요. 선생님 말처럼 정신과 마음이 지식으로 채워지기 때문일 거예요.

한수는 이런 생각을 하며 수업을 들었어요. 앞에 계신 선생님을 보고는 있었지만 머릿속에는 많은 생각들이 있었어요. 그때 눈꺼풀이 무거워지더니 이내 감기고 말았어요.

어제는 종일 경민이를 찾느라 헤맸고 삼촌의 결혼, 우주의 죽음 등 충격적인 소식까지……. 정말 힘든 하루였어요. 악몽을 꾸고 밤새 잠을 이루지 못했어요. 그러니 피곤할 만도 하지요. 하지만 한수는 수업을 듣기 위해 눈을 부릅떴어요. 그리고 집중하기 위해 노력했어요. 그럴수록 잠은 더 몰려왔지요.

선생님의 목소리가 자꾸만 멀어졌어요. 그러다 한순간 아무 소리도 들리지 않게 되었어요. 한수는 아주 편안하고 달콤한 잠에 빠졌어요. 그런데 갑자기 '탕' 하는 소리가 크게 들렸어요. 깜짝 놀라 눈을 뜬 한수는 잔뜩 화가 난 선생님을 보았어요. 처음에 한수는 잠이 든 자신 때문인 줄 알고 심장이 덜컹 내려앉았어요.

"오늘 따라 왜 이렇게 어수선하니?"

선생님은 반 아이들을 야단치고 있었어요.

"이런 분위기에서 공부가 되니? 선생님이 뭐라고 했니? 공부할 때는 열심히, 놀 때는 즐겁게! 지금은 공부할 때야, 놀 때야? 왜 이렇게 시끄럽게 떠들어?"

선생님은 화가 많이 난 것 같았어요. 손바닥으로 몇 번이나 교탁을 두드렸거든요.

"한지은, 수업 시간 내내 무슨 이야기를 그렇게 하고 있었니? 말해 봐."

"그게, 그게……."

지은이는 우물거렸어요. 지은이는 평소에 말이 많은 아이가 아니에요. 그런데 지은이까지 떠들고 있었나 봐요.

'왜 그래?'

한수는 노트에 글을 써서 영진이에게 보였어요.

'우주가 죽었어.'

영진이도 노트에 글을 썼어요.

'나도 알아. 그런데 그게 왜?'

한수가 다시 노트를 내밀자 영진이가 또 무슨 말인가 적었어요.

'아이들이 우주 얘기를 하느라 좀 떠들었어.'

한수는 영진이가 쓴 글을 읽으려고 노트를 잡아당겼어요. 그런데 영진이가 갑자기 손바닥으로 노트를 가리는 거예요.

"너희들, 뭐 하는 거야?"

바로 옆에서 선생님 목소리가 들렸어요. 깜짝 놀란 한수가 고개를 들자 선생님이 내려다보고 있었어요.

"뭐니? 보자."

선생님은 노트를 빼앗아 읽었어요. 그동안 한수와 영진이는 '어떻게 해?'라는 표정으로 서로 쳐다봤어요.

"너희들 이 일 때문에 수업에 집중하지 못했던 거니?"

선생님의 목소리는 생각보다 부드러웠어요. 한수와 영진이는 "예"라고 작은 목소리로 말했어요.

"너희들도?"

선생님은 다른 아이들을 둘러보며 물었어요.

"예."

아이들이 대답했어요.

"좋아! 그럼 다음 시간에는 우주에 관한 이야기를 해 보자. 너희들이 좋아하는 사람이 하늘나라로 갔으니까 그 사람에 대해 이야기하는 시간을 가져 보는 것도 괜찮을 거야."

한수는 선생님 반응에 깜짝 놀랐어요. 그건 다른 아이들도 마찬가지였어요. 아이들은 아무 말 없이 선생님을 쳐다보았어요.

"왜, 싫어?"

선생님이 웃으며 물었어요.

"아, 아뇨. 하지만 우주에 관해 무슨 이야기를 해요?"

영진이가 물었어요.

"우주를 왜 좋아했는지, 우주가 어떤 사람인지 말해도 좋지. 하늘나라로 간 사람을 추억하면서 말이야. 그리고 또 자살이 과연 옳은 방법인지에 대해 의견을 나누는 것도 좋을 거고. 잘 생각해 봐. 다음 시간에 할 이야기들을. 이따 보자."

선생님은 그렇게 말한 뒤 교실을 나갔어요.

"우와! 선생님 멋지다."

영진이가 말했어요.

"응, 정말 멋진 어른이야."

한수는 영진이의 말에 공감하며 고개를 끄덕였어요.

토론은 재밌어

"어제 경민이 봤대."

쉬는 시간에 한수를 끌고 복도로 나온 민지가 말했어요.

"뭐? 누가?"

한수는 깜짝 놀라서 물었어요. 당장이라도 경민이가 있는 곳으로 뛰어가고 싶은 심정이었어요.

"옆 반 소희 알지? 소희가 엄마랑 시내에 나갔다가 봤대."

"시내? 시내 어디?"

"삼거리에 있는 유명한 중국 음식점 알지? 그 옆에 PC방이 있는데, 바로 그 앞에서 만났대."

"시내까지 가 있었구나. 그래서 찾을 수가 없었던 거야."

"소희가 인사를 했는데 경민이가 그냥 가 버렸대. 어휴, 경민이도 참. 학교에 와서 이런저런 사정을 말하면 될걸."

민지는 어른처럼 한숨을 내쉬었어요. 한수는 어떻게 해야 할지 생각하느라 민지의 말을 듣는 둥 마는 둥 했어요.

"어쩔 거야?"

민지가 물었어요.

"어쩌긴. 오늘 가 봐야지."

"그래, 같이 가자."

민지는 1초도 생각하지 않고 말했어요. 한수는 그런 민지가 마음에 들었어요. 민지는 친구에게 나쁜 일이 생기면 언제나 도와줄 준비가 되어 있는 친구거든요. 그래서 때로는 민지의 그런 점이 부럽기도 했어요.

"그런데 어제 있었다고 오늘도 있을까?"

민지가 말했어요.

"모르겠어. 하지만 이게 경민이를 찾을 수 있는 유일한 단서가 아닐까?"

"네 말이 맞다. 그리고 우리 친구를 우리가 안 찾으면 누가 찾겠냐?"

한수는 민지의 말에 고개를 끄덕였어요. 그리고 몇 번이나 '친구'라는 단어를 되뇌었어요.

'친구.'

아빠나 엄마를 부를 때처럼 편안하고 다정하게 느껴지는 단어였어요.

"또 무슨 생각을 그렇게 하니? 들어가자."

민지가 한수의 어깨를 툭 치며 말했어요. 그와 동시에 수업 시작종이 울렸어요. 둘은 교실로 들어갔어요. 저마다 우주 이야기를 하느라 교실은 소란스러웠어요.

"쉬는 시간 동안 무슨 말을 할지 생각해 봤니?"

선생님이 물었어요. "네", "아니요" 아이들의 대답이 동시에 나왔어요.

"하하. 그럼 '네'라고 제일 크게 외친 성운이가 먼저 말해 볼래?"

성운이는 반에서 키가 제일 작은 아이예요. 하지만 목소리는 쩌렁쩌렁해서 다른 아이들에 비해 늘 튀곤 해요. 성운이는 자리에서 일어나 목소리를 가다듬었어요.

"전 2년 전부터 우주를 좋아했습니다. 우주는 키가 크고 멋진 데다 노래도 잘 부르니까요. 나중에 커서 우주 같은 가수가 되는 게 꿈이었어요."

아이들이 키득키득 웃었어요. 그러자 선생님이 손가락을 입술에 갖다 대며 조용히 하라고 주의를 주었어요.

"나도 알아. 난 키도 작고 잘생기지도 않은걸. 하지만 노래 연습을 열심히 하고 있어. 언젠가 가수가 될 거니까."

성운이는 씩씩하게 말했어요.

"그래, 성운아! 열심히 노력하는 사람은 꿈을 이룰 수 있단다."

선생님이 말했어요.

"네, 고맙습니다. 선생님, 그런데 우주가 자살을 해서 정말 슬펐어요. 내 꿈이 달아나는 것 같았어요."

이 대답을 들은 아이들이 "오"라고 탄성을 질렀어요. 성운이가 마치 시인처럼 말했거든요.

"그런데 가만히 생각해 보니까…… 우주는 우주고, 난 나야. 우주처럼 좋은 가수가 될 테지만 절대로 우주처럼 자살하지는 않을 거야."

성운이는 마지막 말을 하면서 손등으로 눈물을 훔쳤어요. 그 모습을 본 아이들은 더 이상 아무 말도 할 수 없었어요.

"자, 이젠 누가 말하겠니?"

선생님이 묻자 영우가 번쩍 손을 들었어요.

"그래. 영우가 말해 보렴."

영우가 일어났어요.

"자살은 죄를 저지르는 거나 마찬가지예요."

아이들은 한 번도 생각해 본 적이 없는 말이었어요. 그래서 교실 안이 순식간에 소란스러워졌어요.

'자살이 죄라니?'

한수도 깜짝 놀라서 영우의 말을 되뇌었어요. 자살을 하면 주위 사람들이 힘들 거예요. 하지만 그렇다고 죄가 될 수 있는 걸까요? 한수는 아무리 생각해도 알 수가 없었어요. 그때였어요. 민지가 벌떡 일어났어요. 아이들의 눈길은 민지에게 쏠렸어요.

"무슨 이유로 그렇게 말하는 거니?"

민지는 영우에게 물었어요.

"모든 사람은 자기 보호 본능을 가지고 있어. 그런데 자살은 그 본능을 거스르는 거잖아. 그러니까 죄를 짓는 거야."

영우의 말이 끝나자 아이들은 탄성을 질렀어요. 영우가 굉장히 똑똑해 보였거든요. 한수도 영우의 말이 멋지게 들렸어요. 그래서 사실 민지가 대꾸할 말이 없을 거라고 생각했죠. 그런데 민지는 꿋꿋하게 말하기 시작했어요.

"그럼 배가 고파서 밥을 먹고 싶은데 돈이 없어서 밥을 못 사 먹는 사람들은 본능을 어겨서 죄가 되는 거니?"

"그건……."

아이들이 민지의 말을 듣고 나자 영우의 말이 우스워졌어요. 영우는 민지의 말에 당황했어요. 민지는 말을 계속했어요.

"영우 네 말도 맞아. 사람은 자기 보호 본능을 가지고 있어. 하지만 반대로 자기 파괴 본능도 있는 거야. 자기 보호 본능만을 생각하면 '자살은 법으로 금지해야 한다.'라는 말이 맞을지도 몰라. 하지만 자기 파괴 본능을 무시한 거잖아. 자기 파괴 본능도 사람의 본성이야. 그러니까 자살도 사람의 본성에서 나온 행동이 될 수 있지. 본성을 어기는 게 죄라면 자살은 죄가 될 수 없지 않을까. 자기 파괴 본능을 지킨 거니까."

민지의 말이 끝났는데도 아이들은 아무 말 없이 멀뚱멀뚱 쳐다만 보았어요. 한수도 놀라서 입을 다물 수가 없었어요.

'우와. 민지, 대단하다.'

한수는 민지와 오랜 친구였지만 이렇게 진지한 이야기를 나누어 본 적은 별로 없었거든요.

"생각보다 토론이 진지하구나. 선생님은 너희들이 이렇게 깊이 생각하고 있는 줄은 몰랐다. 장하다. 내 제자들."

선생님은 흐뭇하게 웃으며 말했어요.

"영우와 민지의 말 모두 일리가 있어. 사람의 본성에 근거해서 자살을 법으로 금지할 수도 있고, 그렇게 하지 않을 수도 있겠지. 그런데 무엇보다 중요한 것은 자살은 본인이나 주변 사람에게 아주 슬픈 일이라는 거야. 그러니까 자살은 도덕적으로 옳지 않아. 너희들은 슬프고 힘든 일이 있어도 강하게 이겨 내고 열심히 살아야 한다."

선생님 말이 끝나자 아이들은 "예"라고 크게 대답했어요. 물론 한수도 대답했지요. 하지만 마음 한편이 편하지 않

네 생각은 어때?

한수네 반 아이들이 아이돌 가수 우주의 자살에 관해 토론을 했네요. 영우는 자살이 인간의 자기 보호 본능을 거슬렀기에 죄라고 말하고, 민지는 인간은 자기 파괴 본능을 갖고 있기에 죄가 아니라고 주장해요. 누구의 말이 맞는 걸까요? 여러분의 생각을 말해 보세요.

▶풀이는 174쪽에

앉어요.

'변호사가 꿈이라면서 아무 말도 못 하고 앉아만 있었네.'

한수는 속으로 중얼거렸어요.

'바보처럼.'

한수는 자신의 머리를 콩 때렸어요. 그러자 영진이가 재참 이상하다는 듯이 고개를 갸웃거리며 쳐다봤어요.

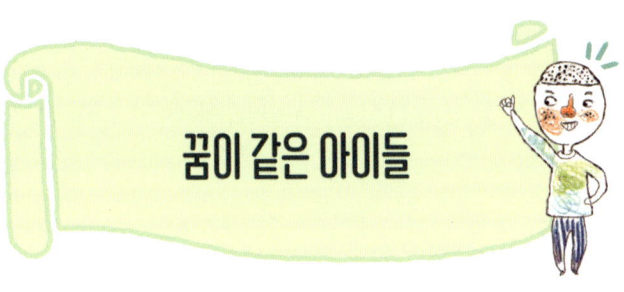

꿈이 같은 아이들

"오늘 너, 정말 대단했어. 어떻게 너는 그런 것까지 알고 있는 거야?"

한수는 교문을 나서며 민지에게 물었어요. 민지는 배시시 웃기만 했어요.

"그렇게 웃으니까 더 궁금하네."

한수는 자기도 모르게 입술을 삐죽거리며 말했어요. 몇 시간 전에 '친구'라는 단어가 편안하다고 생각했던 것도 까맣게 잊어버렸어요. 지금은 그저 질투가 났어요.

'나는 모르는데, 민지는 더 많이 알고 있다. 더군다나 나는 변호사가 되는 게 꿈인데 말이야.'

한수는 저도 모르게 고개를 푹 숙이고 말았어요. 며칠 전부터 책을 읽기 시작했으면서도 아무것도 알지 못하는 자신이 답답했거든요.

"사실은 나 변호사가 되는 게 꿈이야."

민지의 말을 들은 한수는 걸음을 멈췄어요.

"왜 그래?"

민지가 물었어요. 한수는 민지와 친하게 지내면서도 민지의 장래 희망이 뭔지 모르고 있었어요. 민지도 마찬가지였을 거예요. 한수가 한 번도 말해 준 적이 없으니까요. 그런데 이제야 민지의 꿈을 알게 되었어요. 한수도 자신의 꿈을 말해야 할 것 같았어요. 하지만 쉽게 말이 나오지 않았어요. 혹시 민지가 '변호사가 꿈이라면서 오늘 한마디도 못 했니?'라고 무시하면 어쩌나 걱정이 되었거든요.

"야. 왜 그렇게 쳐다봐?"

"아, 신기해서 그래. 나도 그렇거든."

한수가 말했어요.

"뭐가?"

"나도 변호사가 되는 게 꿈이라고."

"우와, 너도?"

민지는 장래 희망이 같다고 좋아했어요. 하지만 한수는 민지처럼 좋아하지 못했어요. 오히려 속상했지요. 교실에서 토론할 때 민지는 정말 변호사처럼 멋졌어요. 그리고 지금도 그래요. 자신의 꿈을 당당하게 말하고 있잖아요.

"넌 왜 변호사가 되고 싶어?"

한수가 물었어요.

"음…… 장발장 때문이야."

"장발장?"

"응. 장발장은 『레 미제라블』이라는 소설 속의 주인공이야. 장발장은 배가 고파서 빵 하나를 훔쳐 먹었는데 감옥에서 19년이나 살았어."

"뭐? 달랑 빵 하나 때문에?"

"응. 그 소설을 읽으면서 생각했어. 장발장을 돕는 변호사가 있었다면 그가 19년이나 감옥에 갇히지 않았을 거야. 그래서 변호사가 되기로 결심했어. 장발장같이 억울한 일을 당하는 사람을 도와주고 싶어."

"그렇구나."

한수는 고개를 끄덕였어요.

"너는?"

"나?"

한수는 잠시 망설였어요. 아빠가 변호사라서 변호사가 되고 싶다는 대답은 어쩐지 멋지지 않았어요.

"난……."

"오늘따라 왜 이래? 평소에는 말도 잘하면서."

한수가 대답을 망설이자 민지가 이상하다는 듯이 말했어요. 민지가 그렇게 말하니까 한수가 대답하기 더 힘들어졌어요.

"난……."

"그래. 넌?"

"휴."

한수는 그만 한숨을 내쉬고 말았어요. 아무리 생각해도 아빠 때문이라는 말을 할 수가 없었어요.

"어, 버스 왔다."

민지가 활발하게 말했어요. 한수는 또 한숨을 내쉬었어요. 그러나 조금 전 한숨과는 다른, 안도의 한숨이었어요.

"무슨 한숨을 그렇게 쉬니? 우리 할머니가 그러는데 한숨 같은 건 쉬는 게 아니래. 뭐라더라…… 청승맞다고 했나…… 뭐, 어쨌든. 그렇게 한숨 쉬지 마."

버스에 올라타자마자 민지는 그렇게 말했어요. 한수는 괜히 억울했어요. 민지에게 기가 죽어서 나온 한숨이었으니까요.

"알았어."

한수는 순순히 대답했어요. 그리고 차창 밖을 바라보았어요. 아주 잠깐이라도 좋으니 혼자 생각에 잠기고 싶었어요. 그런데 민지는 눈치 없이 자꾸만 말을 걸었어요.

"혹시 경민이 집에 무슨 일 있는 거 아닐까?"

"그럴 수도 있겠다."

"우리가 생각한 것보다 더 복잡한 일 같은데."

"그럴 수도 있겠다."

"뭐야? 너, 내 말 듣고 있어?"

민지가 투덜거렸어요. 한수는 "응"이라고 짧게 말하고 차창 밖을 내다보기만 했어요. 사실 차창 밖 풍경은 한수의 눈에 들어오지도 않았어요.

'그래 뭐. 아빠가 변호사라서 나도 변호사가 되고 싶다는 게 뭐가 나빠? 훌륭한 아빠를 닮고 싶은 건데.'

한수는 그런 생각을 하고 있었어요. 그러다 곧 변명 같아서 자신이 생각해도 민망한 거예요.

'사실, 뭐가 되고 싶다고 생각하는 데 꼭 이유가 있어야 하는 것은 아니잖아. 그냥 변호사가 좋아서 그럴 수도 있는 거지. 나중에 민지가 물으면 그렇게 대답해야지.'

한수는 그렇게 생각했어요. 그런데도 마음은 편하지 않았어요.

'뭐야? 어떻게 말하든 멋지지가 않잖아.'

그런 생각이 들자 다시 한숨이 나오는 거예요. 그러자 옆에서 민지가 "한숨 쉬지 말라니까."라며 또 잔소리를 했어요.

"쳇, 내 마음이야."

한수는 퉁명스럽게 말했어요. 그러다 곧 후회했어요.

"미안."

한수는 차창 밖을 바라보며 말했지만 민지가 쳐다보는 눈길을 느낄 수 있었어요.

"내가 좀 생각할 게 많아서 그래."

한수는 변명했어요.

"무슨 생각?"

"그런 게 있어."

"그래?"

민지는 더 이상 묻지 않았어요. 한수는 그런 민지가 고마

왔어요. 하지만 좋은 친구 관계를 유지하는 것은 생각보다 어렵다고 느꼈어요.

시내에 도착한 한수와 민지는 삼거리에 있는 유명한 중국 음식점부터 찾았어요. 그 옆 건물 2층에는 소희 말대로 PC방이 있었어요.

"저곳에 있을까?"

한수는 사실 좀 미심쩍었어요. 경민이가 어제 그곳에 있었다고 오늘도 있으라는 법은 없잖아요.

"일단 확인부터 해 보자. 만약 없으면 경민이 집에 다시 가 보기로 하고."

민지는 그렇게 말한 뒤 먼저 계단을 올라갔어요. 한수도 그 뒤를 따랐어요.

PC방은 꽤 넓었어요. 사람들도 많았고요. 한수와 민지는 각자 다른 쪽에서 찾기로 했어요. 한수는 오른쪽으로 갔어요. 아이들의 얼굴을 일일이 확인했지만 경민이는 보이지 않았어요. 민지도 경민이를 찾지 못했어요. 둘은 그냥 PC방을 나가기로 했어요. 그때였어요. PC방으로 경민이가 들어왔어요.

"경민아!"

한수와 민지는 동시에 소리쳤어요. 경민이는 갑자기 뒤돌아섰어요. 그리고 계단을 내려가기 시작하는 거예요. 한수는 도저히 이해할 수가 없었어요. 경민이가 왜 도망을 치고 있는지.

한수는 경민이의 뒤를 쫓아 있는 힘껏 뛰었어요. PC방 건물을 빠져나간 경민이는 맞은편 골목으로 들어갔어요. 한수도 골목으로 들어갔지만 경민이가 보이지 않았어요.

"경민아."

한수는 목이 터져라 경민이를 불렀어요. 그때였어요. 골목 끝 대문 안에서 개 짖는 소리가 들렸어요. 한수는 혹시나 하는 마음에 골목 끝 집으로 가 보았어요. 집이 가까워지자 문틈으로 파란 옷깃이 얼핏 보였어요.

"나와, 경민아. 너 거기 있는 거 다 알아."

한수는 속삭이듯 말했어요.

"너희들 보고 싶지 않아."

경민이는 여전히 나오지 않고 말했어요.

"왜?"

"너희는 나를 부끄럽게 여기잖아."

경민이가 말했어요.

"무슨 소리를 하는 거야? 네가 왜 부끄러워?"

한수는 소리쳤어요.

"난 비겁한 아이니까."

경민이의 말을 들은 한수는 왈칵 눈물이 쏟아질 것 같았어요.

"아니야, 경민아."

한수는 경민이를 위로하고 싶었어요.

"뭐가 아니야?"

경민이는 그렇게 말하며 대문 안에서 뛰쳐나왔어요. 그리고 한수를 밀치고 골목 밖으로 빠져나가려고 했어요. 그때, 막 골목 안으로 들어서던 민지가 경민이를 붙잡았어요. 한수는 얼른 뛰어가서 경민이가 다른 곳으로 가지 못하게 붙들었어요.

"왜 이래? 너희들!"

경민이가 소리쳤어요. 하지만 한수와 민지는 경민이를 놓아줄 수가 없었어요.

"너를 오래 만나지 못했잖아."

"알았어. 도망 안 가. 그러니까 좀 놔 줘."

"정말이지?"

"그래. 약속할게."

한수와 민지는 그제야 경민이를 놓아주었어요. 경민이는 피곤한 듯 그 자리에 쪼그리고 앉았어요. 그리고 말했어요.

"내일 학교에 가려고 했단 말이야. 그런데 왜 이렇게 난리를 피우는 거야?"

친구를 믿기

한수와 민지는 힘이 빠졌어요. 그동안 경민이를 찾아 헤매는 헛고생을 했잖아요.

"그랬구나."

한수는 그렇게 말하며 경민이 옆자리에 쪼그리고 앉았어요. 가만히 서 있던 민지도 그 옆에 쪼그리고 앉았어요. 아이들은 나란히 쪼그리고 앉아 벽만 멀뚱멀뚱 쳐다봤어요.

"많이 걱정했어."

민지가 말했어요. 경민이는 아무 대답도 하지 않았어요.

"민지와 내가 얼마나 찾았는데."

한수가 말했어요. 그러나 이번에도 경민이는 아무 대답

을 하지 않았어요.

"내일은 학교 오는 거 맞지?"

민지가 말하자마자 경민이는 벌떡 일어났어요. 그리고 아무 말 없이 큰길 쪽으로 걸어갔어요. 깜짝 놀란 민지와 한수가 경민이의 뒤를 쫓았어요.

"왜 그래?"

한수가 경민이의 어깨를 잡고 돌려세웠어요. 경민이는 아무 말 없이 한수와 민지를 번갈아 쳐다봤어요. 그리고 작은 목소리로 말했어요.

"내일 학교에서 보자."

"어, 어, 그래."

한수는 경민이 어깨를 꼭 잡고 있던 손을 풀었어요. 옆에 있던 민지도 더 이상은 경민이를 붙잡지 못했어요. 경민이와 눈이 마주쳤을 때 두 아이는 보고 말았거든요. 경민이 눈에 가득 차 있는 눈물을…….

한수와 민지는 큰길로 걸어 나가는 동안 아무 말도 하지 않았어요. 둘은 마음이 무거웠어요. 발걸음도 무거웠어요. 버스 정류장까지 가는 길이 멀게만 느껴졌어요.

"친구가 뭘까?"

버스 정류장에 도착하자 민지가 물었어요. 온종일 한수를 괴롭히던 고민을 민지가 먼저 꺼내자 한수는 무척 놀랐어요.

"힘든 일 있으면 친구에게 말해 줘야 하는 거 아닌가?"

이번에 민지는 혼잣말처럼 중얼거렸어요.

"말 못 할 사정이 있을 거야."

한수는 그렇게 대답했어요. 그러고는 마음속으로 덧붙였어요.

'나처럼.'

방 안에 들어온 한수는 침대에 엎드렸어요. 자꾸만 경민이의 눈물이 생각나서 혼란스러웠어요.

'내가 만약 어른이라면 친구를 위로할 수 있는 방법을 찾았겠지?'

한수는 그런 생각이 들었어요. 금방이라도 울음이 터질 듯한 경민이를 그냥 보내는 게 아니었어요. 경민이가 고집을 피우더라도 함께 있어야 했어요. 하지만 경민이가 싫다고 하는데 억지로 함께 있을 수도 없는 일이었어요. 한수는 이런저런 생각 때문에 머리가 아팠어요. 복잡한 생각은 잊고 싶었지만 쉽지 않았어요. 한수는 벌떡 일어나 앉았어요.

'오늘 온종일 고민만 하고 있잖아. 이러다가 머리가 터져 버릴 것 같아.'

한수는 『순수 법학』을 펼쳤어요. 책을 읽다 보면 다른 일은 잊을 수 있을 것 같았어요. 그리고 매일 책을 읽기로 한 다짐을 지키고 싶기도 했고요. 아빠와 한 약속이기도 하지만 한수 자신과의 약속이기도 해서 꼭 지키고 싶었어요. 그런데 몇 페이지 읽지도 않았는데 잠이 오기 시작했어요.

'이렇게 책만 보면 자니까 민지에게 아무 말도 못 했지.'

그런 생각이 들자 한수는 마음 편하게 잘 수가 없었어요. 그래서 정신을 차리고 소리 내어 글을 읽었어요.

켈젠은 자연법적 사고의 논리적 모순을 비판한다. 자연법론은 인간의 본성이 자연스러운 것임을 인정한다. 그 예로 자기 보존 충동이 있다.

한수는 '자기 보존 충동'이라는 단어를 보고 깜짝 놀랐어요. 바로 오늘 학교에서 영우가 한 말이었으니까요.

하지만 인간은 사실상 자신의 생명을 마감하려는 충동도

있다. 자살을 하는 사람들의 사례가 이 점을 보여 준다.

'우와.'

한수는 또 놀랐어요. 아까 민지가 비슷한 말을 했던 게 기억났기 때문이에요.

'혹시, 영우와 민지도 이 책을 읽은 걸까?'

한수는 정말 궁금했어요. 그러나 그 아이들에게 물어보지는 않을 거예요. 한수 자신도 『순수 법학』을 읽고 있었다는 것이 밝혀지잖아요. 밤마다 책을 읽으면서도 아는 것이 없다는 걸 아이들에게 들키기 싫었어요. 특히 민지에게만은 절대 알리고 싶지 않았어요.

'진짜, 친구가 뭐지?'

한수는 민지가 했던 질문을 다시 생각해 봤어요. 하지만 아무리 생각해도 정답을 찾을 수 없었어요.

'함께 노는 것만으로 친구라 할 수 있나? 어휴, 모르겠다. 진짜 이러다 머리가 터질 것 같아.'

한수는 자신의 머리를 '탁! 탁!' 쳤어요. 그리고 다시 책으로 눈길을 돌렸어요.

'이번에는 정말 다른 생각은 하지 말고 열심히 읽자.'

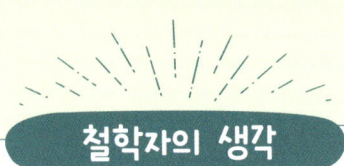

'존재'와 '당위'

법철학의 중요한 쟁점, 존재와 당위

켈젠의 사상을 이해하기 위해서는 '존재'와 '당위'의 문제, 즉 실재와 가치의 '방법이원론'이라는 사고 모델을 이해해야 합니다. 존재와 당위는 법철학에서 가장 중요한 논점 중의 하나이기도 하죠. 존재와 당위의 문제는 '객관적이고 그 자체로 존재하는 가치가 있는가?', '주관적인 가치 평가만이 존재하는가?'에 대한 물음입니다.

이들 물음은 우리가 하는 행위의 척도를 어디에서 찾아야 하는가를 알려 줍니다. 또한 강제하는 법률과 사회 규범의 정당성이 어디에서 근거하는지를 알려 주기도 합니다.

'존재'라는 것은 '있는 것'이라고 말할 수 있습니다. 예를 들어 '친구한테 돈을 빌렸다.'라는 말은 존재를 나타내는 말입니다. '자살하고 싶다.'라는 말도 현재의 심리나 충동을 표현하므로 존재를 나타내는 말입니다. 이처럼 존재를 나타내는 말을 '존재 명제'라고 해요. 일반적으로 '~이 존재한다.', '~이 있다.'와 같은 형식을 가집니다.

반면에 '돈을 갚아야 한다.'나 '자살해서는 안 된다.'라는 말은 뭔가를 해야 한다거나 해서는 안 된다는 요청이나 의무의 뜻을 포함하고 있어요. 즉 '당위'를 나타내는 말입니다. 존재를 나타내는 말과는 형식과 의미가 다릅니다. 이처럼 당위를 나타내는 말을 '당위 명제'라고 해요.

모든 규범은 이와 같은 '당위'의 형식을 띠고 있어요. 예컨대 "사람을 죽이지 말라.", "남의 물건을 훔치지 말라.", "어려움에 처한 이웃을 도와라." 등의 규범은 모두 요청이나 의무를 담고 있는 표현으로 '당위'를 나타내는 말이에요.

존재 명제와 당위 명제를 구분하라

켈젠은 '존재와 당위는 다르다.'고 봅니다. 존재와 당위의 관계에 대해 "존재로부터 당위가 도출될 수 없고, 당위는 당위로부터 도출될 뿐이다."라고 말했어요. 이를 신칸트학파의 '방법이원론'이라고 하죠. 법실증주의의 입장입니다.

'존재와 당위는 동일하다.'고 보는 견해도 있습니다. 자연 속에 법질서가 존재한다고 생각하며 법을 윤리적인 척도로 평가합니다. 자연법론을 완성한 아퀴나스와 헤겔이 이런 입장입니다.

'철수는 영희에게 천 원을 빌렸다.'라는 말은 사실을 말하고 있으니 존재를 나타내는 말입니다. '철수는 영희에게 천 원을 갚아야 한다.'는 어떨까요? '해야 한다.'는 요청이나 의무의 뜻을 담고 있으니까 당위를 나타내는 말입니다.

그러면 '철수는 영희에게 천 원을 빌렸다.'라는 존재 명제로부터 '철수는 영희에게 천 원을 갚아야 한다.'라는 당위 명제가 도출될 수 있을까요?

친구한테 돈을 빌렸으면 당연히 갚아야 한다는 생각 때문에 '예'라고 대답하는 친구들이 있을지 모르겠네요. 하지만 존재 명제로부터 당위 명제는 도출될 수 없습니다. 친구에게 돈을 빌렸으면 갚아야 하는 것은 당연합니다. 하지만 이런 결론이 나오기까지 다른 명제가 더 필요합니다. 바로 '다른 사람에게서 돈을 빌린 사람은 그 돈을 갚아야 한다.'라는 명제이지요. 삼단논법의 도식을 통해 살펴보기로 해요.

대전제 : 다른 사람에게서 돈을 빌린 사람은 그 돈을 갚아야 한다. → 당위 명제

소전제 : 철수는 영희에게 천 원을 빌렸다. → 존재 명제

결 론 : 철수는 영희에게 천 원을 갚아야 한다. → 당위 명제

'철수는 영희에게 천 원을 갚아야 한다.'라는 당위는, '철수는 영희에게 천 원을 빌렸다.'라는 존재 명제로부터가 아니라, '다른 사람에게서 돈을 빌린 사람은 그 돈을 갚아야 한다.'라는 또 다른 당위 명제로부터 나오는 것입니다. 다시 말해 당위 명제인 결론은 또 다른 당위 명제인 대전제로부터 나오는 것이지요. 존재로부터 당위가 도출될 수 없고 당위는 당위로부터만 도출된다는 켈젠의 말은 바로 이것을 의미합니다.

그럼, 우주의 자살 사건에 관한 반 친구들의 토론을 다시 생각해 볼까요? 모든 사람은 자기 보존 본능을 가지고 있는데, 자살은 이런 본능을 어기는 것이기 때문에 죄라는 것이 영우의 생각이었어요. 하지만 사람에게는 자기 보존 본능뿐만 아니라 자기 파괴 본능도 있는데 이 자기 파괴 본능에 비추어 보면 자살은 본능을 어기는 것이라고 할 수 없기 때문에 죄가 안 된다는 것이 민지의 생각

이었어요.

　'모든 사람은 자기 보존 본능을 가지고 있다.'라는 말은 존재 명제입니다. 왜냐하면 인간의 욕구를 나타내는 말이기 때문입니다. '사람은 자살해서는 안 된다.'라는 말은 요청이나 의무의 뜻을 담고 있기 때문에 당위 명제죠. 자, 그렇다면 '모든 사람은 자기 보존 본능을 가지고 있다.'라는 존재 명제로부터 '사람은 자살해서는 안 된다.'라는 당위 명제가 나올 수 있을까요? 켈젠의 생각대로라면 불가능하겠죠. 그렇다고 자기 보존 본능을 중요시하여 '자살은 죄'라고 말한 영우의 생각이 잘못됐다고 단정할 수는 없습니다. 다만, 인간에게 자기 보존 본능 말고 자기 파괴 본능도 있다는 민지의 의견은 '자살은 죄'라는 영우의 주장을 다른 시각에서 볼 수 있게 했다는 데 그 의미가 있습니다.

즐거운 독서 퀴즈

1 다음은 자살한 아이돌 가수에 대한 영우와 민지의 토론 내용이에요. 두 친구의 주장이 '존재 명제'인지, '당위 명제'인지 괄호 안에 적어 보세요.

> "자살은 죄를 저지르는 거나 마찬가지야. 모든 사람은 자기 보호 본능을 가지고 있어. 그런데 자살은 그 본능을 거스르는 거잖아. 그러니까 죄를 짓는 거야."
>
> "영우 네 말도 맞아. 사람은 자기 보호 본능을 가지고 있어. 하지만 반대로 자기 파괴 본능도 있는 거야. 자기 보호 본능만을 생각하면 '자살은 법으로 금지해야 한다.'라는 말이 맞을지도 몰라. 하지만 자기 파괴 본능을 무시한 거잖아. 자기 파괴 본능도 사람의 본성이야. 그러니까 자살도 사람의 본성에서 나온 행동이 될 수 있지."

❶ 사람은 자기 보호 본능을 가지고 있다.　　　(　　　)
❷ 사람은 자기 파괴 본능을 가지고 있다.　　　(　　　)
❸ 사람의 자기 보호 본능을 거스른 것이므로 자살은 법으로 금지해야 한다.　　　(　　　)
❹ 모든 생명은 소중한 것이므로 자살해서는 안 된다. (　　　)

 정답

❶ 존재 명제　❷ 존재 명제　❸ 당위 명제　❹ 당위 명제

2 법실증주의자인 켈젠은 다음과 같이 자연법을 비판해요. 아래 항목에서 자연법과 관련이 없는 것을 찾아보세요.
(   )

'사람을 죽이지 말라.'라는 말에는 인간 생명의 존엄성을 중시하는 자연법적 사고가 들어 있다. 하지만 전쟁이 일어난다면 어떨까? 사람들은 국가와 민족, 가족을 지키기 위해 적을 죽일 것이다. 이것이 법 정신에 위배되는 것일까? 또 '거짓말을 하지 말라.'라는 자연법적 사고를 살펴보자. 거짓말 중에는 사람을 살리기 위해, 어려운 사람을 돕기 위해 해야 하는 선의의 거짓말도 있다. 이것이 정의를 거스르는 것일까? 이와 같이 법을 윤리적 기준으로만 집행할 수 없다는 것이 켈젠을 포함한 법실증주의자들의 주장이다.

❶ 모든 인간은 평등하다.   ❷ 토마스 아퀴나스
❸ 당위법   ❹ 관습법, 성문법, 판례법

정답

❹ 관습법, 성문법, 판례법

근본 규범은 하나의 동일한 법질서에 속하는
모든 규범들의 종국적인 효력 근거이다.

- 한스 켈젠

어린이 변호사의 꿈

경민이의 비밀을 알게 된 한수와 민지.
아버지가 사채업자한테 쫓기는 바람에
가족들이 뿔뿔이 흩어지게 되었다고….
연 40% 이자가 말이 되나요! 정말 나쁜 법이에요!
변호사 아빠를 조르는 한수.
"제발, 내 친구 경민이를 도와주세요."

경민이의 비밀

한수는 새벽까지 책을 읽었지만 아침 일찍 일어났어요. 경민이가 학교에 오는 날이니까요. 학교에서 경민이를 볼 수 있다는 생각만 해도 기뻤어요. 하지만 수업 시간이 다 되어 가는데도 경민이는 오지 않았어요.

"설마 경민이가 거짓말한 건 아니겠지?"

한수는 경민이를 믿고 싶었어요. 하지만 경민이의 빈자리를 보니 자꾸만 의심이 가는 거예요.

"온다고 했으니까 오겠지."

민지는 담담하게 말했어요. 하지만 그렇게 말하는 민지의 표정도 좋지 않았어요. 둘은 복도 창문으로 운동장을 내다보았어요. 교문을 지나 운동장을 가로지르는 아이들 중 경민이가 있지는 않을까 하는 기대를 갖고요. 그때 영진이가 한수와 민지 옆으로 다가와서 말을 걸었어요.

"경민이 야단 많이 맞는 거 아니야?"

"뭐?"

한수와 민지는 깜짝 놀라서 영진이를 쳐다봤어요.

"교무실에 갔잖아. 몰랐어?"

"그래? 경민이 왔었어?"

"어. 너희들 모르고 있었구나."

"왔었구나."

한수와 민지는 누가 먼저라고 할 것도 없이 교무실 쪽으로 향했어요.

"어, 어딜 가?"

영진이가 뒤에서 불렀지만 한수와 민지는 돌아보지 않았어요. 교무실 앞에서 경민이를 기다렸다가 교실로 데려올 생각이었거든요. 그런데 아무리 기다려도 경민이는 나오지 않았어요. 결국 한수와 민지는 교실로 돌아가서 경민이를 기다리기로 했어요.

경민이는 수업이 시작되기 바로 직전 교실로 들어왔어

요. 그래서 한수는 경민이와 인사를 나누지도 못했어요. 수업이 끝나자마자 한수는 경민이에게 쪼르르 달려갔어요. 민지는 이미 경민이와 대화를 나누고 있었어요.

"학교에 오니까 좋지?"

한수는 머쓱하게 웃었어요. 사실 한수는 학교에 와서 좋다는 생각을 해 본 적이 없었거든요. 아침에 일어날 때마다 결석하면 좋겠다고 생각했어요. 그리고 교실에 앉아 수업을 듣는 것이 지루할 때도 많았고요.

"야단 많이 맞았지?"

민지가 묻자 경민이는 고개를 저었어요.

"아니면 다행이고."

민지는 어른처럼 말했어요. 경민이는 그저 웃기만 했어요. 그런데 그 웃음이 밝지 않았어요. 한수는 수업이 시작되어서 자리로 돌아왔어요. 하지만 경민이의 우울한 표정이 마음에 걸려 수업 내내 집중할 수가 없었어요.

청소를 끝낸 아이들은 집으로 가기 위해 책가방을 챙겼어요. 몇몇 아이들은 벌써 운동장을 지나 교문을 나서고 있었어요. 하지만 경민이는 갈 생각을 하지 않고 가만히 자리에 앉아 있었어요.

"뭐 해? 가방 안 챙기고."

한수가 재촉했어요. 그런데도 경민이는 움직일 생각을 안 하는 거예요.

한수와 민지는 서로 쳐다봤어요. 경민이는 온종일 멍하게 앉아 있기만 했어요.

"광석이 일 때문에 그래? 광석이가 맨홀에 빠진 건 몰랐잖아? 그 상황이었다면 나도 너처럼 행동했을 거야."

한수가 말했어요.

"그래, 경민아. 네 잘못이 아니야."

민지도 경민이를 위로했어요. 그런데도 경민이는 아무 말 없이 책상만 쳐다보고 있었어요.

"야, 김경민! 너, 진짜 이럴래?"

한수는 화가 나서 버럭 소리를 질렀어요. 경민이는 그제야 고개를 들고 한수와 민지를 봤어요. 그리고 말했어요.

"너희들 먼저 가."

"뭐?"

한수와 민지는 경민이의 행동을 이해할 수 없었어요. 며칠 만에 만났는데 제대로 말 한마디 하지 못했어요. 하루 종일 말없이 있더니 수업이 끝났는데도 그냥 헤어지려고 하다니요. 민지가 옆에서 작게 한숨을 쉬었어요. 한수도 힘이 빠지는 것 같았어요. 그래서 경민이 책상 위에 걸터앉았어요. 그때 교실 문이 열리는 소리가 들렸어요. 아이들은 문 쪽으로 고개를 돌렸어요. 그곳에 선생님이 서 있었어요.

"한수와 민지도 있었구나."

한수는 선생님과 경민이가 눈이 마주치는 모습을 보았어요. 그 순간, 선생님과 경민이 사이에 비밀이 있을 거라는 생각이 들었어요.

"네."

"선생님이 경민이와 할 이야기가 있는데……."

"아, 예! 선생님, 안녕히 계세요. 경민아, 내일 보자."

한수와 민지는 인사를 하고 교실을 빠져나왔어요. 둘은 교문에 다다를 때까지 아무 말도 하지 않았어요. 교문 바로 앞에 있는 횡단보도에 서서 파란불이 되기를 기다리고 있는데 민지가 먼저 말했어요.

"아무래도 광석이 일 말고 다른 일도 있는 것 같지?"

"응."

"경민이 집에 찾아갔을 때, 이상한 아저씨 기억나?"

"응."

"그리고, 선생님과 경민이의 표정도 이상하고……."

"맞아! 뭔가가 있어."

"그래! 뭔가가 있어."

둘은 또 한동안 아무 말도 하지 않았어요. 그 사이에 신호등은 빨간불에서 파란불로, 파란불에서 빨간불로 몇 번이나 바뀌고 있었어요.

"무슨 일인지 알아볼까?"

이번에는 한수가 먼저 말했어요.

"어떻게?"

민지가 물었어요.

"미행하자. 경민이가 나오기를 기다렸다가 어디에 가는지, 누구를 만나는지 보는 거야."

"하지만 경민이가 기분 나빠하지 않을까?"

"그러니까, 눈치채지 못하게 해야지."

둘은 발길을 돌려 다시 교문으로 갔어요. 그리고 얼굴만 내밀어 운동장 쪽을 쳐다봤어요. 몇 분 지나서 경민이가 나오는 모습이 보였어요. 그런데 경민이는 혼자가 아니었어요. 경민이 옆에는 선생님도 함께 있었어요.

미행

    경민이와 선생님은 횡단보도를 건너 사거리로 걸어가고 있었어요. 사거리에는 사람들이 많아 미행하기가 훨씬 편했어요. 사거리를 지나 골목길로 접어들었을 때 한수와 민지는 발소리가 나지 않게 조심히 걸었어요. 골목은 그리 길지 않았어요. 곧 큰길로 나온 선생님과 경민이는 슈퍼마켓 안으로 들어갔어요.

    한수와 민지는 슈퍼마켓 맞은편 건물 안으로 들어가 선생님과 경민이가 나오기만을 기다렸어요. 건물에서 나온 선생님과 경민이의 손에는 음식 재료가 담긴 비닐봉지가 들려 있었어요.

"뭐야? 경민이가 왜 선생님이랑 장을 봐?"

민지가 혼잣말처럼 말했어요.

"어, 저쪽으로 간다."

한수는 민지의 손을 잡고 건물 밖으로 나왔어요. 그리고 선생님과 경민이가 들어선 모퉁이 쪽으로 뛰었어요.

"어? 사라졌어."

모퉁이로 들어섰지만 선생님과 경민이의 모습은 보이지 않았어요. 둘은 어찌할 바를 몰라 그냥 멍하게 서 있었어요. 그런데 뒤에서 선생님의 목소리가 들렸어요.

"너희들 여기서 뭐 하니?"

"앗! 깜짝이야."

한수와 민지는 얼마나 놀랐던지 자신들도 모르게 외마디 비명을 질렀어요.

"왜 이렇게 놀라니?"

선생님은 이상하다는 듯이 말했어요.

"우릴 따라온 거야?"

경민이의 표정이 일그러졌어요.

"아, 아니요. 저희들은……."

한수는 변명을 하려고 했지만 적당한 말이 떠오르지 않

앉았어요. 그래서 계속 더듬거리기만 했어요.

"선생님……."

경민이가 처음으로 말을 꺼냈어요.

"응?"

"저, 애들하고 이야기 좀 하고 가도 돼요?"

선생님은 경민이를 가만히 쳐다봤어요. 그리고 머리를 쓰다듬었어요.

"그러겠니? 선생님 집 알지?"

"네."

"좋아. 한 시간 후에는 들어와. 저녁 먹어야 하니까."

한수는 선생님과 경민이의 대화를 듣고 깜짝 놀랐어요.

'경민이가 선생님 집에 가는 거였어? 왜?'

민지도 한수와 같은 생각을 하고 있었어요. 둘은 영문을 몰라 서로 쳐다보기만 했어요.

경민이는 한수와 민지를 근처 놀이터로 데리고 갔어요. 놀이터에는 몇몇 꼬마 아이들이 놀고 있었어요. 셋은 나란히 벤치에 앉았어요.

"미안해."

한수가 먼저 사과했어요.

"나도."

민지도 말했어요. 하지만 경민이는 아무 말도 하지 않았어요. 한수와 민지는 바늘방석에 앉아 있는 기분이었어요.

"엄마가 많이 아팠어."

경민이가 입을 열었어요. 한수와 민지는 경민이에게 그런 일이 있었다는 사실도 모르고 있었어요. 생각조차 해 본 적이 없는 일이라 무슨 말을 어떻게 해야 하는 건지 몰랐어요.

"지금은 괜찮아. 그런데 엄마 병원비 때문에 아빠가 사채를 썼다는 걸 알게 됐어."

"사채?"

"은행에선 돈을 빌려주지 않아서 그럴 수밖에 없었대. 은행에서 빌리면 이자가 10%도 안 되는데, 사채는 이자가 40%나 된대. 아빠가 아무리 열심히 일해도 사채를 갚지 못했어. 이자 갚기도 빠듯하거든. 그래서 매일 사채업자들이 집에 와서 돈을 내라고 협박했어. 신발도 안 벗고 집에 들어와서 아빠를 때리기도 하고……."

경민이의 눈에서 눈물이 뚝뚝 떨어졌어요.

"집에 들어갈 수가 없어. 아빠와 엄마는 사채업자들이 찾지 못하는 시골에 가셨는데…… 나는 학교는 다녀야 한다고…… 선생님이 당분간…….”

경민이는 결국 울음을 터뜨리고 말았어요.

한수와 민지는 아무 말 없이 경민이를 안았어요. 한수도 눈물, 콧물이 자꾸만 나와서 훌쩍거렸어요. 민지도 마찬가지였어요. 셋은 서로 끌어안고 소리 내어 울었어요. 놀이터에서 놀던 아이들이 쳐다보았지만 부끄러운 생각이 들지 않았어요. 한참을 운 아이들은 다시 말없이 앉아서 하늘만 쳐다봤어요.

"내일 보자."

경민이는 힘없이 일어났어요.

"응."

한수는 경민이에게 힘이 되고 싶었어요. 하지만 어떻게 힘이 될 수 있을까요? 한수는 할 수 있는 일이 없었어요. 그런 생각이 든 한수는 더 우울해졌어요.

"경민아, 힘내."

민지가 소리쳤어요. 한수도 있는 힘껏 소리쳤어요.

"힘내!"

경민이는 뒤돌아보고 웃었어요. 하지만 경민이의 웃는 모습도 슬퍼 보였어요.

나쁜 법, 좋은 법

"섭섭한데! 삼촌이 왔는데도 웃지를 않네?"

저녁 식사가 끝날 때쯤 삼촌이 왔어요. 아빠가 할아버지를 설득해서 결혼 허락을 받을 수 있었다며 고맙다는 말을 하기 위해서였어요. 한수는 경민이 생각을 하느라 삼촌의 결혼에는 별 관심을 두지 않았어요. 경민이가 얼마나 힘든지 아는데, 삼촌이 결혼한다고 마냥 웃으며 좋아할 수는 없잖아요.

"오늘 우리 한수가 우울해 보이네. 학교에서 무슨 안 좋은 일이라도 있었니?"

아빠가 한수의 안색을 살피며 물었어요.

"아니."

삼촌의 결혼 문제가 해결되었다고 즐거워하는 가족들 가운데 있는 것조차 힘들었어요. 그래서 한수는 먼저 자겠다고 말하고 방으로 들어가 버렸어요.

한수는 침대에 누워 천장을 바라봤어요.

'만약, 내가 경민이라면 매일 울었을 거야. 그런데 사채업자가 그렇게 행패를 부려도 괜찮은 거야? 돈을 못 갚았다고 집까지 쳐들어오고.'

한수는 벌떡 일어났어요. 아빠에게 물어봐야겠다는 생각이 들었거든요. 그런데 거실에서는 가족들의 웃음소리가 들렸어요. 한수는 다시 누웠어요. 아무래도 지금은 그런 말을 할 때가 아닌 것 같았어요.

그렇게 한참을 누워 있는데 삼촌이 간다고 인사하는 소리가 들렸어요. 그제야 한수는 거실로 나갔어요.

"자다 깼어?"

아빠가 물었어요.

"안 잤어."

"안 잤어? 그러면 삼촌 가는데 인사하러 나오지 그랬어?"

"보고 싶지 않아."

"삼촌이 결혼하는 게 그렇게 싫어?"

"아니."

"그런데?"

"많이 우울해서."

한수는 진지하게 말했어요. 그런데 어찌된 일인지 아빠는 그 말을 듣자마자 얼굴 가득 퍼지는 웃음을 억지로 참고 있는 거예요. 그 모습을 본 한수는 어른들은 정말 이상하다는 생각을 했어요. 우울하다는데 어떻게 웃음이 나올 수가 있죠? 한수는 화가 나서 그냥 방으로 들어가 버리려고 했어요. 그런데 경민이를 도울 수 있는 건 자신이 아니라 아빠였어요. 그래서 참기로 했어요.

"아빠!"

"응?"

"돈 빌려줘."

"뭐?"

아빠는 깜짝 놀란 표정으로 한수를 쳐다봤어요. 하지만 한수는 눈도 깜빡하지 않았어요.

"내가 어른이 되면 다 갚을게."

아빠는 잠시 생각에 잠긴 듯했어요. 그리고 천천히 물었어요.

"아빠가 돈 빌려주면 그걸로 뭐 할 거니?"

한수는 경민이 이야기를 떠벌리는 것이 옳지 않다고 생각했어요. 하지만 아빠에게 돈을 빌리기 위해서는 이야기를 할 수밖에 없었어요. 그래서 경민이 이야기를 숨김없이 전부 말했어요.

"그런 일이 있었구나. 경민이가 많이 힘들겠네."

"그러니까 아빠가 도와줘."

"흠, 아빠는 부자가 아니야. 그래서 무작정 빌려준다고 약속할 수는 없구나. 대신 경민이 부모님을 도울 수 있는 방법을 함께 찾아보자."

"그럼 아빠가 경민이 아빠를 만나볼 거야?"

"아빠는 변호사니까 법적으로 도움이 될 수 있는 일이 분명히 있을 거야."

"진짜지?"

"그럼. 한수 친구 일인데."

한수는 그제야 마음이 좀 놓였어요. 든든한 지원군을 얻은 기분이었거든요.

"그런데 사채는 이자가 왜 그렇게 비싼 거야? 법으로 금지하면 안 돼?"

"우리나라에 이자제한법이라는 것이 있어. 이자의 상한을 연 40%로 제한하고 있지."

"연 40%로? 그렇게나 높아? 만약 천만 원을 빌리면 매년 이자가 4백만 원이나 된다는 거지?"

"그래. 1억 원을 빌리면 매년 이자가 4천만 원이나 되는 거고."

"배보다 배꼽이 크다."

"그런 말도 알아?"

"아빠는 내가 초등학생이라고 너무 무시해."

"하하. 무시해서가 아니라 기특해서 그런 거야."

"쳇, 그게 그거지 뭐."

"사채는 이자가 높아서 원금을 갚는 게 힘들어. 이자 갚느라 원금까지 못 갚는 거지."

한수는 고개를 갸웃거렸어요. 돈이 없는 사람들이 돈을 빌리잖아요. 그러니까 가난한 사람들이 돈을 빌리는 건데 가난한 사람들에게 이자를 그렇게 높게 받는 법이 이해가 되지 않았어요.

"아빠!"

사채 이자
"연 40%?"
배보다 배꼽이
더 크네~

"응?"

"이자를 낮게 하는 법은 없어?"

"응. 그런 법은 없어."

"정말 이상해. 법은 왜 있는 거야? 사람들이 행복하게 살 수 있도록 돕기 위해 있는 거잖아. 그런데 법으로 이자가 40%나 되게 하는 건 사람들을 너무 힘들게 하는 거잖아."

한수가 그렇게 말하자 아빠는 좀 놀란 표정을 지었어요.

"사람들이 행복하게 살기 위해 필요한 게 법이긴 하지. 하지만 모든 사람이 만족할 수 있는 법을 만드는 건 힘든 일이란다."

한수는 아빠의 말을 이해할 수 있었어요. 하지만 머릿속에서는 끊임없이 질문이 쏟아져 나왔어요.

'법이 뭐지? 이자를 40%나 받도록 한 법도 올바른 법이라고 할 수 있나? 경민이 부모님 입장에서는 너무 가혹하잖아. 도대체 법이 뭐지? 어떤 법이 올바른 법이라고 할 수 있을까?'

"우리 아들 무슨 생각을 그렇게 하니?"

아빠가 물었어요. 한수는 아빠의 얼굴을 빤히 쳐다봤어요. 한수가 생각하기에 아빠는 정말 멋진 변호사예요. 그리고 아빠처럼 멋진 변호사가 되는 게 한수의 꿈이고요.

"아빠."

"응?"

"내가 변호사가 되고 싶은 이유는 아빠가 변호사이기 때문이야."

"그야 아빠의 아들이니까."

"응. 그런데 지금 생각하니까 아빠가 멋진 변호사라서 아빠처럼 변호사가 되고 싶었던 거야."

"흠, 좀 복잡한 말이구나. 그러니까 아빠가 멋진 변호사가 아니면, 변호사가 되고 싶지 않다는 거니?"

"응. 그냥 변호사 말고 멋진 변호사. 사람들이 나쁜 법 때문에 힘들어하지 않게 도와주는 멋진 변호사."

아빠는 다정하게 한수의 머리를 쓰다듬었어요. 얼굴 가득 미소를 띠고서요.

"그러니까 우리 아들은 아빠가 그런 변호사가 되라고 가르쳐 주는 거구나."

한수는 아빠의 말을 이해할 수가 없었어요.

"아빠가 가르쳐 준 거잖아."

한수가 말했어요. 그러자 아빠는 고개를 저었어요. 그리고 말했어요.

"우리 아들이 아빠를 지켜보겠다고 말하는 거야? 그러니까 아빠는 아들에게 부끄럽지 않은 변호사가 되어야겠네?"

"지금도 최고로 멋지잖아."

"그래, 아들! 지금도 앞으로도 최고로 멋진 변호사 아빠가 되도록 노력할게."

아빠는 그렇게 말하면서 한수를 껴안았어요. 한수는 아빠의 말을 다 이해할 수는 없었어요. 하지만 한 가지는 알 것 같았어요. 역시 아빠는 정말 멋진 사람이라는 사실을요.

경민이는 배신하지 않았어

"경찰에게 연락한 건 경민이었어."

광석이가 말했어요.

"응. 우리도 알아."

한수는 광석이의 깁스에 낙서를 하고 있었어요. 민지는 한수가 가져온 『순수 법학』 책을 뒤적거리고 있었고요.

"그런데 언제 퇴원해?"

"일주일 후에."

광석이는 병원 생활에 꽤 익숙해졌나 봐요. 이젠 심심하다는 말은 하지 않았어요. 오히려 일주일밖에 남지 않았다고 투덜거렸어요.

"학교 오는 게 싫어?"

한수는 낙서를 하는 데 집중하느라 광석이 얼굴은 보지도 않고 건성으로 물었어요.

"뭐, 그렇기도 하고……."

광석이가 우물거렸어요. 그러자 옆에서 민지가 말했어요.

"어휴, 바보. 광석이가 좋아하는 여자애가 이 병원에 있다는 것도 몰랐어?"

"그랬어?"

한수는 담담하게 대꾸했어요. 며칠 동안 너무 놀라운 일을 많이 겪어서 이 정도의 일은 무덤덤했어요.

"나도 봤는데 그 애 꽤 귀여워. 그런데 광석아, 너무 어린 거 아냐? 너보다 세 살 어리면 이제 초등학교 3학년인데."

민지가 그렇게 말하자 광석이는 당황해서 얼굴이 빨개졌어요. 민지는 그런 광석이의 모습이 재밌었나 봐요. 계속 광석이를 놀리며 그 여자애 이야기를 했어요.

"그런데 정말 네 아빠가 경민이 집을 도와주실 수 있어?"

광석이는 민지 말을 끊고 한수에게 물었어요.

"말 돌리기는."

민지는 투덜거렸지만 기분이 나빠 보이지는 않았어요.

"나도 잘 모르겠어. 아빠가 너무 기대하지 말래. 그래도 아빠가 경민이랑 경민이 부모님을 찾아가셨으니까 도움을 줄 수 있을 거야."

"진짜 그랬으면 좋겠다."

광석이와 민지는 동시에 말했어요.

"나도."

한수도 말했어요.

"그런데 뭘 그렇게 써?"

민지는 책을 탁자에 놓고 한수가 낙서를 하고 있는 깁스를 내려다봤어요.

"뭐야? 너?"

민지는 한수의 머리를 콩 때렸어요. 광석이도 낙서를 보더니 한수의 머리를 때렸어요. 한수는 두 대나 맞고도 낄낄거리며 웃었어요. 자신이 생각해도 참 멋진 낙서였거든요.

맨홀에 빠져 다리가 부러진 광석이, 못생겼지만 똑똑한 민지, 숨바꼭질을 잘하는 경민이 같은 아이들은 어려운 일이 생겼을 때 모두 나에게 연락 주세요. 어린이 변호사 한수가 사건을 해결해 드립니다.

철학자의 생각

근본 규범 → 헌법 → 법률 → 명령·규칙

부조리한 법도 법일까?

한수는 이자 상한을 40%로 정한 이자제한법이 가난한 사람들에게 너무 가혹하다고 생각했습니다. 그래서 이것이 과연 '올바른 법인가?' 하는 근원적인 의문을 품었어요.

켈젠의 사상에 따르면, 현재의 이자제한법은 법으로 인정될 수밖에 없어요. 우리나라의 헌법에 따라 법을 만들 수 있는 권한이 있는 국회의원들이 만든 법이기 때문이죠. 하지만 법을 바꾸는 것도 가능하답니다. 헌법에 어긋나지 않는 범위 내에서 법을 바꿔야 한다는 국민의 생각을 받아들인다면 그 법은 바뀔 수 있습니다. 물론 이 경우에도 국회의원만이 법을 바꿀 수 있어요.

이자제한법이 문제가 있다고 해도 우리는 받아들일 수밖에 없습니다. 경민이 아빠가 빌린 돈을 갚지 않는다면 사채업자는 돈을 갚으라고 독촉할 수 있어요. 그렇게 하는 것은 법에 따른 행위이고 정당한 권리의 행사입니다. 그러나 사채업자들이 경민이의 아빠를 협박하고 집에 함부로 들어와 경민이의 아빠를 때리는 것은 이자제한법 규정과는 상관없이 범죄입니다. 그런 행동은 협박죄, 주거침입죄, 폭행죄가 성립됩니다.

　예를 들어 강도와 세무 공무원이 "돈을 내놓아라!"라고 명령했다면 모두 세무 공무원의 말을 따랐을 거예요. 켈젠의 생각에 따르면 세무 공무원의 명령은 세금을 거둘 수 있는 권한을 부여하고 있는 법률(세법)에 따라 행해졌기 때문입니다. 강도의 명령은 돈을 거둘 수 있는 권한을 부여하고 있는 법률이 없기 때문에 따를 의무가 없는 것이지요. 여기에서 의문이 하나 생깁니다. 그럼, 법률은 왜 따라야 하지요? 이 경우에도 '그 법률은 옳은 법이니까.'라고 대답할 수도 있을 것입니다. 하지만 켈젠의 대답은 이와 달라요. 법률은 헌법에 따라 법을 만들 수 있는 권한을 부여받은 국회의원들이 만들었기 때문이라는 것이 그 대답입니다. 그렇다면 헌법은 왜 따라야 하지요? 켈젠은 헌법이 '근본 규범(Grundnorm)'에 의해 만들어졌기 때문이라고 말했습니다.

법질서의 단계 구조

켈젠이 말한 근본 규범이란 헌법보다 상위에 있는 규범이지만 실제로 존재하는 규범은 아니에요. 이 규범은 켈젠이 헌법의 효력 근거를 설명하기 위해, 즉 헌법에 따라야 한다는 것을 설명하기 위해 논리적 사유를 통해 만들어 낸 규범입니다. 그래서 논리적 의미의 헌법이라고 불리기도 하죠. 켈젠의 순수 법학이 다른 사람들로부터 가장 많은 비판을 받고 있는 것도 바로 이 근본 규범에 관한 부분이지요. 하지만 비판에도 불구하고 근본 규범은 켈젠의 법체계에서 대단히 중요한 역할을 하고 있습니다. 일정한 법체계에 속해 있는 모든 법 규범들에 대한 최종 효력 근거를 제공하고 있기 때문입니다. 좀 더 쉽게 이해할 수 있도록 도식을 살펴보기로 해요.

근본 규범 → 모든 법 규범의 최종적 효력 근거
헌법 → 근본 규범에 의해 효력을 부여받은 법. 법률의 상위 규범
법률 → 헌법의 하위 규범, 명령의 상위 규범
명령·규칙 → 법률의 하위 규범

실제로 켈젠의 법체계는 피라미드 모양을 하고 있어요. 왜냐

하면 실정법 중에서 가장 위에 있는 법인 헌법은 하나뿐이고, 헌법 아래에 있는 법률은 그 수가 매우 많으며, 법률 아래에 있는 명령이나 규칙은 그 수가 더 많기 때문입니다. 상대적으로 하위에 있는 법을 따라야 하는 이유는 상위에 있는 법에 따라 권한을 부여받은 체계로 만들어졌기 때문이지요. 이러한 모습과 특징을 갖고 있는 켈젠의 법체계를 '법질서의 단계 구조'라고 해요. 줄여서 켈젠의 '법단계설'이라고도 하지요.

즐거운 독서 퀴즈

1 경민이는 사채업자의 협박이 두려워 집에 들어갈 수 없게 되었어요. 경민이 아버지에게 이자 40%는 너무 가혹하지만 이자제한법에 40%로 정해져 있으므로 법에 위배되는 것은 아니에요. 하지만 사채업자가 집에 찾아와 경민이 아버지를 위협하고 폭행했다면 법에 위배되는 행위지요. 사채업자는 어떤 처벌을 받아야 할까요? (   )

❶ 협박죄   ❷ 대부업법 위반죄   ❸ 명예훼손죄   ❹ 강요죄

2 우리나라의 헌법에 입각해 법을 만들고 바꿀 수 있는 입법 기관은 국회죠. 하지만 법을 만들고 바꾸는 데 가장 큰 영향력을 가진 주체가 있습니다. 누구일까요? (   )

❶ 정부 관료들   ❷ 대통령   ❸ 국민   ❹ 재외국인

정답

1 ❶ 협박죄
2 ❸ 국민

3 켈젠은 법에 상위, 하위 단계가 있다는 '법단계설'을 주장했어요. 상위 법률이 타당성의 기초가 되고, 아래로 내려갈수록 법규의 수가 증가하면서 점차 구체적, 특수적이 되는 통일적 체계를 이룬다고 했지요. 켈젠이 주장한 법의 단계를 상위부터 차례로 적어 보세요.

(   )

> 헌법   근본 규범   규칙
>
> 명령   법률

정답

근본 규범 → 헌법 → 법률 → 명령 → 규칙

네 생각은 어때? 문제 풀이

 **53p**

'착한 사마리아인 법'의 경우에는 조건이 있습니다. 자기의 생명이나 신체에 아무런 해가 없는데도 특별한 이유 없이 위험에 처한 사람을 돕지 않았을 때에만 죄가 성립하는 거죠. 그런데 경민이의 경우에는 뒤에서 나쁜 형들이 쫓아와 잡혔을 때 경민이가 해를 입을 가능성이 있었고, 더욱이 맨홀 아래로 내려가 광석이를 구하는 건 경민이 혼자의 힘으로는 무척 힘든 일이었을 것입니다. 그래서 선뜻 돕지 못하고 어른에게 알리거나 경찰에 신고하는 것이 더 현명한 방법이라고 생각했을 수 있어요. 그러니 경민이가 광석이를 돕지 않았다고 볼 수 없습니다. 만약 경민이가 위험에 처한 상황도 아니고 경민이 혼자의 힘으로 광석이를 도울

수 있었다면 당연히 경민이는 광석이를 도왔을 것입니다.

 73p

　친구를 구하지 않고 도망간 것에 대해 너무 괴로워하지 말았으면 해. 누구나 경민이 같은 상황이었다면 놀라고 두려워서 친구를 버려두고라도 빨리 도망치고 싶은 충동이 들었을 거야. 인간은 위기에 처하면 이것저것 따질 여유 없이 생각이 단순해지니까. 어떤 아이가 물에 빠졌다고 할 때 이것저것 생각할 것 없이 물에 뛰어들 수도 있지만, 조금만 더 생각해 보면 내 목숨을 잃을지도 모른다는 위험을 느끼고 주저했을지도 몰라. 이건 용기가 있고 없고의 문제가 아닌 것 같아. 경민이의 경우, 면밀히 생각해 보면 맨홀 아래 깊은 곳에 친구가 빠져 있고 자신의 힘으로는 당장 구할 수 없어서 어른들을 불러와야 했을 수도 있어. 바로 뒤에 나쁜 형들이 쫓아오고 있어서 친구를 구하다가 잡힐 수도 있는 상황이었으니까. 친구들도 처음에는 경민이를 오해했을지 몰라도 차츰 오해가 풀리면 이해해 줄 거야. 절대로 스스로를 비겁했다고 자책하지 말았으면 해.

영우와 민지의 말 모두가 맞습니다. 인간은 자기 보호 본능과 함께 자기 파괴 본능도 갖고 있습니다. 두 가지 본능 때문에 많은 일들이 벌어지고 있지요. 하지만 저는 자기 보호 본능이 더 우세한 인간 본능이라고 생각합니다. 자기 파괴 본능이 자기 보호 본능보다 우세했다면 인간 문명은 이미 몰락했을 겁니다. 인간은 지금처럼 지구에서 살 수 없었을지도 모릅니다. 우주는 자살로 자기 파괴 본능을 충족했지만, 자기 파괴 본능은 더 나아가 타인과 사회, 세계를 몰락시켰을 것입니다.

인간의 자기 보호 본능은 부작용도 있지만 우리 삶을 풍요롭게 하고 문명을 일구는 토대가 되었습니다. 이를 바탕으로 가족, 사회, 국가를 이루어 왔고요. 인류 문명을 세운 토대가 인간의 자기 보호 본능이므로 이를 잘 가꾸고 다스려야 한다고 생각합니다.

켈젠이 들려주는 법 이야기
세상을 지키는 순수한 법의 힘

ⓒ 변종필, 2008

초 판 1쇄 발행일 2008년 12월 26일
개정판 2쇄 발행일 2024년 9월 1일

지은이   변종필
그림   김정진
펴낸이   정은영

펴낸곳   (주)자음과모음
출판등록 2001년 11월 28일 제2001-000259호
주소   10881 경기도 파주시 회동길 325-20
전화   편집부 (02)324-2347 경영지원부 (02)325-6047
팩스   편집부 (02)324-2348 경영지원부 (02)2648-1311
e-mail   jamoteen@jamobook.com

ISBN 978-89-544-4757-7 (73810)

잘못된 책은 구입처에서 교환해드립니다.
저자와의 협의하에 인지는 붙이지 않습니다.

이 책은 『켈젠이 들려주는 법 이야기』(2008)의 개정증보판입니다.